Über Mao mag man geteilter Meinung sein – die chinesische Küche jedoch wird auch bei uns von Tag zu Tag beliebter. Der namhafte Journalist und Fernsehautor Wolfgang Menge, der jahrelang in Ostasien gelebt hat, möchte unseren Frauen und kochenden Männern die Angst nehmen, daß die Bereitung dieser exotisch-schmackhaften Gerichte kompliziert sei. Er hat eine verblüffend einfache Kochtechnik entwickelt, die er sich patentieren lassen könnte. Viele Raffinessen sind genauso einfach anzurichten wie Spiegeleier mit Schinken. Die Zutaten sind – wenn überhaupt in einem Rezept unübliche verlangt werden – in den meisten Feinkostgeschäften, in vielen Supermärkten und in den Lebensmittelabteilungen der großen Warenhäuser zu kaufen, wie z. B. frischer Ingwer und tiefgekühlter Teig für Frühlingsrollen. Ein chinesisches Abendessen zu Hause im Kreise der Familie oder mit Freunden ist darüber hinaus die angenehmste Unterhaltung, die man sich denken kann.

Wolfgang Menge, geboren 1924, kennt die chinesische Küche nicht nur aus Kochbüchern oder durch Besuche hiesiger China-Restaurants. Als Korrespondent einer großen Tageszeitung hat er selbst in der Volksrepublik China und in Hongkong gelebt. In Tokio bot man ihm einmal an, den hochdotierten Posten des Chefkochs eines deutschen Restaurants zu übernehmen. Vor seinem Ostasien-Aufenthalt war er zwei Jahre in England, arbeitete für Tages- und Wochenzeitungen und gelegentlich für den damaligen NWDR. Für diesen Sender erfand er auch die berühmt gewordene satirische Sendereihe «Adrian und Alexander» und schrieb in den ersten Jahren die Texte. Später lief die Serie unter dem Titel «Hallo Nachbarn» weiter und wurde vorübergehend auch im Fernsehen übernommen. Menge hat zahlreiche, mit Preisen ausgezeichnete Filme («Polizeirevier Davidswache» u. a.), die TV-Kriminalreihe «Stahlnetz» und mehrere Fernsehfilme («Begründung eines Urteils» u. a.) geschrieben. Er lebt teils in Berlin und teils auf Sylt.

Wolfgang Menge

Ganz einfach – chinesisch

Rowohlt

Umschlagentwurf Jürgen und Cornelia Wulff

1.–30. Tausend	November 1968
31.–35. Tausend	Juli 1972
36.–40. Tausend	Oktober 1973
41.–45. Tausend	September 1974
46.–50. Tausend	August 1975
51.–58. Tausend	März 1976

Veröffentlicht im Rowohlt Taschenbuch Verlag GmbH,
Reinbek bei Hamburg, November 1968
© Rowohlt Taschenbuch Verlag GmbH, Reinbek bei Hamburg, 1968
Gesetzt aus der Linotype-Aldus-Buchschrift
und der Palatino (D. Stempel AG)
Gesamtherstellung Clausen & Bosse, Leck/Schleswig
Printed in Germany
380-ISBN 3 499 16411 6

Inhalt

Zunächst: Es ist ganz einfach

Vorurteile vereinfachen das Leben sicher, ob sie es auch bereichern ist dagegen zweifelhaft.

Oft wird mir von sehr hübschen, aber doch besorgten deutschen Hausfrauen vorgehalten:

«Chinesisch, ja, ich esse es sehr gern, auch mein Mann, aber selbst kochen, das geht doch gar nicht. Nein, wenn, dann gehen wir in ein Restaurant.» In ein chinesisches Restaurant mit einem echt chinesischen Koch.

Dazu gibt es einiges anzumerken.

Zum Beispiel: Würden Sie einen Mann, den Sie an irgendeinem Strand sehen, schon deshalb für einen Berufsschwimmer halten, weil er eine Badehose trägt?

Doch wohl nicht. Schließlich beweist die Hose nicht einmal, daß er überhaupt die Absicht hat, ins Wasser zu gehen.

Aber wenn Ihnen ein chinesisches Restaurant, sagen wir in Hamburg-Winterhude, empfohlen wird, dann genügt Ihnen als Beweis für die Güte der Gerichte der Hinweis, daß dort ein echter Chinese am Herd hantiert. Badehosen beweisen also keine Schwimmfähigkeit; aber Schlitzaugen sollen als Garantie für kulinarische Genüsse gelten.

Um sicherzugehen, daß man mich versteht, will ich nur ein Ereignis erwähnen, das vor einiger Zeit aus Rotterdam gemeldet wurde. Dort haben plötzlich fast alle chinesischen Restaurants schließen müssen, weil die Köche verhaftet wurden. Es hatte sich herausgestellt, daß die Köche keine Köche waren. Sie hatten einen ganz anderen Beruf, sie waren Spione. Und wer hat das gemerkt? Nein – nicht die täglich essenden Gäste. Erst die Polizei mußte kommen und das gastronomisch so bedeutende Urteil vollstrecken.

Wenn es Ihnen immer noch nicht klar ist (oder wenn Ihnen das Beispiel zu rassistisch vorkommt), werde ich das gleiche Problem andersherum zu erklären versuchen. Ein für deutsche Küche gerühmtes Restaurant in Tokio wird von einem ehemaligen Lehrer aus dem Hessischen betrieben. Ein deutscher Mensch bietet deutsche Küche in Asien. Ein deutscher Lehrer, der sich durch Kriegsereignisse plötzlich ohne Schüler dort wiederfand, nach Frankfurt nicht zurückkehren mochte, vom Kochen soviel verstand wie etwa ein Koch von der Geburt griechischer Götter. Nichts gegen Lehrer, nichts gegen Hessen. Aber wäre ich Besitzer auch nur einer dieser als Raststätten getarnten Würstchenbuden an unseren Autobahnen – diesen Mann würde ich nicht einmal in die Nähe der elektrischen Kaffeemaschine lassen.

Damit hoffe ich, nachgewiesen zu haben, daß Kochen keine Sache der Abstammung ist. Wer also chinesisch nur in Restaurants essen will, soll es getrost tun, er soll dann aber gefälligst konsequent sein und auch Eisbein oder Sauerbraten nur in Restaurants essen.

«Das Kochen von diesen Sachen ist aber doch furchtbar kompliziert», sagt unsere Hausfrau nun. Wie sie darauf kommt, weiß ich nicht. In einer Zeit, in der China ohnehin keine gute Presse hat, finden Verleumdungen dieser Art vermutlich einen besonders empfangsfreudigen Boden. Aber richtig ist das Gegenteil. Chinesische Gerichte sind besonders einfach zuzubereiten, obendrein nicht ungewöhnlich teuer, dabei doch etwas nicht Alltägliches (außerhalb Asiens jedenfalls). Jene These, die Brillat-Savarin vor fast 150 Jahren zum Oberfeinschmecker der westlichen Welt befördert hat (der Mensch soll nicht nur essen, sondern die Natur verlangt, daß er gut ißt), wird obendrein beim chinesischen Essen ganz beiläufig praktiziert. Und das alles ohne Hokuspokus. Die Hindernisse, die unsere feine Küche schon bei wichtigen Saucen kennt, gibt es einfach nicht. Und wer einen Nudelauflauf kann, kann erst recht Schweinefleisch süß-sauer.

«Außerdem kriegt man hier die meisten Sachen gar nicht, vor allem nicht die Gewürze.» Gerade die Gewürze kriegt man. Die chinesische Küche unterscheidet sich auf diesem Gebiet von unserer vor allem dadurch, daß die Chinesen selten Salz verwenden. Und daß ein Unterschied besteht, ob ich ein Gewürz verwenden möchte, das es nicht gibt oder eines nicht verwende, das vorhanden ist, wird – hoffe ich – niemand bestreiten. Und sonst: Um ein paar der angeblichen Raritäten aufzuzählen, die Chinesen essen, wenn sie sie haben, Fleisch, Fisch, Geflügel, Teigwaren, Gemüse. Zugegeben, Chinas Gurken sind ein bißchen kleiner, die Enten fetter, die Pilze fester und der Weißkohl nicht rund, sondern schlank.

Prinzipiell ist es jedoch so, daß Sie sich fast noch zu Hause entschließen können, eine chinesische Mahlzeit zu servieren, wenn Sie bereits für Wiener Schnitzel eingekauft haben. Der Unterschied liegt eben nicht im Material, sondern in der Zubereitung.

Nachdem wir uns bis hierhin einig sind, will auch ich Ihnen ein paar Schrittchen entgegenkommen: Tatsächlich gibt es einige chinesische Spezialitäten, die hier gar nicht oder nur sehr schwierig zuzubereiten sind. Gerichte mit Tücken gibt es freilich auch in jeder nationalen Küche, selbst in der amerikanischen. Aber entweder fehlen uns hier wirklich ein paar dumme Artikel, im Moment jedenfalls noch (als ich vor zehn Jahren das erste Buch zur Chinaküche schrieb, gab es hier kaum chinesische Spezialitäten, heute fehlen nur ganz wenige), oder es mangelt an der passenden Kochstelle, wie etwa für eine Peking-Ente.

Aber da kann ich Sie leicht trösten. Es gibt viele Kenner chinesischer Küche, die selbst in Hongkong, Kanton oder Shanghai keine Peking-Ente essen, weil sie wissen, daß man sie eben nur in Peking richtig zubereitet erhält – auch heute noch, aber eben selbst dort nur in drei, vier Restaurants.

Gibt es aber nicht auch genug deutsche Gerichte, die zu Hause zu kochen man sich scheut, ja die man selbst nur in bestimmten Gegenden unseres Landes ißt, wenn nicht gar in zwei, drei Restaurants ausschließlich? Es gibt Spezialitäten auch in unserem Lande, die man sein Leben lang nicht kennenlernt und doch würde man nicht auf die Idee kommen und sagen: Ich kann keine deutschen Gerichte kochen. (Sollten Sie freilich jetzt hartnäckig bleiben und sagen, jawohl, das stimmt, ich kann überhaupt nicht kochen – dann tun Sie mir einen Gefallen, verschenken Sie dieses Buch und gehen Sie zurück in Ihre Küche, wickeln den Kartoffelsalat aus der Pappschachtel, in der Sie ihn gekauft haben, und die Würstchen können Sie auch vom Herd nehmen – sie sind eh schon geplatzt, nehme ich an.)

Das kleine Einmaleins vom Essen:
Tan, jan, han

Leider haben es die einflußreichen Kreise bislang versäumt, mich nach den wichtigsten Dingen des Lebens auszuhorchen. Sonst hätte ich längst dafür gesorgt, daß «abends in den Hafen von Aberdeen einfahren» mit zu den sieben Seligkeiten gerechnet wird.

Denn das ist eine der ostasiatischen Attraktionen, mit der ich am Rhein gastieren möchte. Natürlich ist nicht jene Stadt an der nebeligen Ost-küste Schottlands gemeint, die von ihren Granitschleifereien soviel Auf-hebens macht, sondern ein chinesischer Fischerort im Hinterhof des vor-nehmen Hongkong. Der Besuch dieses Aberdeen wird jedem Touristen geraten, und natürlich versäumt daraufhin niemand, nach Aberdeen zu fahren, wenn er nur ein bißchen auf sich hält.

Aber die Touristen fahren selbstverständlich nicht in den Hafen ein, weil man dazu ein Boot benutzen muß, was viel zuviel Zeit erfordern würde, sondern sie kommen in glasüberdachten Omnibussen angebraust oder in amerikanischen Taxis. Am Hafenbecken steigen sie eilig aus, rümpfen die Nasen, weil es nach Fischen stinkt, die an langen – am an-deren Ende von Aberdeen handgedrehten Leinen aufgehängt sind. Sie setzen dann auf kleinen, mit Wachstuch ausgelegten Sampans auf eines der beiden schwimmenden Restaurants über, die einen Stern im Baedeker «Hongkong und Umgebung» erhalten haben.

Hier futtern sie Peking-Ente, stopfen sich den Magen mit Schweine-fleisch (süß-sauer) aus und hauen dann in eine Vogelnestsuppe ein. Be-friedigt, die so oft gelobte chinesische Küche nun am eigenen Leib, an Ort und Stelle erprobt zu haben, begeben sie sich anschließend in ihre klimatisierten Hotelräume. Wenn sie wieder in Nordrhein-Westfalen sind oder in Massachusetts, können sie ihren Freunden mitteilen: «Na ja, war schon ganz nett, aber auf die Dauer und was so ein richtiges Filet-steak ist . . .»

Wir anderen lassen uns, wie angedeutet, langsam in den Hafen hinein-treiben. Die knochigen Hügel um Aberdeen haben um diese Zeit eine Krone aus violettem Dunst, und die vielen Bewohner des Hafens, die auf ihren Dschunken und Sampans leben – das heißt: dort geboren wer-den, zur Schule gehen, heiraten, Kinder gebären und sterben –, sie sitzen noch an Deck, verbergen ihre Gesichter hinter dicken Bambusrohren, aus denen sie ab und zu etwas Dampf ablassen, während die Kinder von den Blumenbeeten und Gärten her winken, die auch an Bord angelegt sind.

In diesem braunen Wald der Boote liegt das schwimmende Restaurant von Kai Pek-lee, der unser Wohlwollen errungen hat, weil er uns stets einen gesonderten Tisch aufgestellt hat, abseits von den Mahjong spielenden Chinesen und den ebenso lauten Touristen – indessen neben der Küche.

In dieser Küche nun, die aus einem fest vertäuten Ponton besteht, wird das Geheimnis des Fernen Ostens zelebriert. (Wobei ich hier mit Absicht einmal das Wort «fern» benutze, obwohl der Osten ja nur für jene Leute fern ist, die Düsseldorf oder meinethalben auch Paris persönlich als Drehpunkt der Welt ansehen.)

Elf Küchenmeister (im Chinesischen unterscheidet man noch zwischen dem Daai See Mo und dem Daai See Fooh; der eine ist nur erhabener Aufsichtführender für Küchenangelegenheiten, der andere ist der Erhabene Meister der kulinarischen Künste) mit geschorenen Häuptern und dreiviertellangen weißen Hemden stehen barfuß vor den Kesseln mit brodelndem Fett, schnippeln frisches Gemüse, zerteilen angekochtes oder rohes Geflügel, rollen diagonal geschnittene Pilze in Eierteig, weichen Haifischflossen in warmem Wasser auf. Denn in der chinesischen Küche werden alle Gerichte bereits so zerkleinert, daß bei Tisch keine Bestecke mehr nötig sind. Der eine oder andere hat vielleicht durch Eingeweihte bereits erfahren, daß Messer und Gabel in China ungebräuchlich sind; statt dessen werden Stäbchen verwendet.

Doch das Wichtigste in den Restaurants von Aberdeen ist das Seegetier. Fische, Krebse, Muscheln, Seeschnecken und Mollusken. In elf Körben, die ins Hafenbecken gehängt sind, schwammen bei meinem letzten Besuch 54 verschiedene Sorten Fisch von einer Seite des Geflechts an die andere. Einige sahen so aus, als wären sie ganz mit Gold bestrichen, sie schnappten wütend nach Luft, während die Garoupas bereits aufgegeben hatten.

Ergeben warteten sie auf den Augenblick, in dem ein Kunde auf sie deuten würde und einer aus der Küche dann mit einem Netz nach ihnen fischte. Fast so wie sie aus den Körben kommen, werden sie in kochendes Fett gestürzt, mit Kopf und Schwanz. Nur die Innereien werden herausgenommen. Vielleicht werden einige noch in Eierteig gerollt.

Und so werden sie auch gegessen, nicht zerstückelt oder sonstwie verdorben. Der Kellner stellt den Fisch dann in die Mitte unseres Tisches und wir polken mit unseren Stäbchen die besten Stücke heraus, stippen unsere Beute in eine Schüssel mit süßsaurer Sauce und verzehren sie schweigend. Von den Gräten lassen wir uns nicht ärgern. Sie sind kroß geworden und schmecken am besten.

Natürlich ist es eigentlich ungehörig, nur ein Gericht zu essen. Selbst bei geringer Feierlichkeit gehören doch schon so viele Gänge zum Essen, wie Personen am Tisch sind. Dazu noch ein oder zwei Suppen und natürlich der Reis, der die ganze Mahlzeit begleitet.

Deshalb hat es auch keinen Sinn, allein essen zu gehen. Je mehr Personen sich für ein solches Fest finden, desto besser, desto mehr Gerichte können bestellt werden. (Natürlich darf auch das nicht übertrieben werden. Eine Fußballmannschaft, dazu der Trainer, dürfte die Grenze sein.) Das ist der Grundsatz, bei dem dann eine Urregel, wenn dieser Ausdruck erlaubt wird, Anwendung findet, eine entsprechende asiatische Abwandlung des abendländischen veni, vidi, vici (Cäsar an Amintius nach dem Sieg bei Zela am 2. August 47 v. Chr., überliefert von Plutarch): Tan, jan, han. Was etwa heißt: Warten, meiden, angreifen.

Hier beginnt das kleine Einmaleins des Essens mit Stäbchen, welches wiederum eng mit dem Kochen dazugehöriger Gerichte verbunden ist.
Daraus erklärt sich aber eben auch, daß niemand in Omnibussen zu einer chinesischen Mahlzeit fahren soll, hin, fressen und wieder zurück. So können Koteletts vertilgt werden, Pariser Andouilletten ja, vielleicht sogar gespickter Karpfen (Grenzfall).
Doch chinesische Gerichte sind wie Konzerte, die man zufällig in einem fremden Park hört. Da legt man sich unter einen Strauch und schaut in den Himmel.

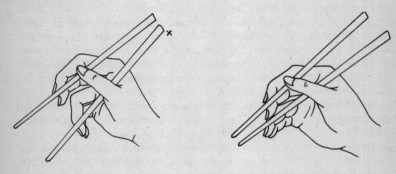

So sollten die Stäbchen gehalten werden. Zeichnung 1 zeigt die geöffnete Haltung der Stäbchen, Zeichnung 2 die geschlossene.
Das mit x markierte Stäbchen ist passiv. Das heißt, es sollte sich nicht bewegen. Es wird fest eingeklemmt, ob an die Kuppe oder den Rand des Ringfingers kann jeder selbst entscheiden. Das zweite Stäbchen wird dagegen so gehalten, daß man es bewegen kann, vom Daumen und Zeigefinger oder vom Daumen und als zweiten Punkt zwischen Zeigefinger und Mittelfinger. Aber eben: dieses Stäbchen muß frei bewegt werden können. Vorm Essen ist es angebracht, darauf zu achten, daß die unteren Enden der Stäbchen auf einer Ebene sind. Sonst wird es ziemlich unmöglich sein, auch größere Stücke Eßbares zwischen die Stäbchen zu klemmen. Das wird leicht bewerkstelligt, wenn man beide Stäbchen auf den Tisch stößt oder auf den Teller.

Das Zerkleinern

Da sich, wie erwähnt, chinesische Gerichte hauptsächlich durchs Zubereiten von den bei uns üblichen unterscheiden, gibt es naturgemäß viele Hinweise, die allgemein wichtig, sozusagen von grundsätzlicher Bedeutung sind. Aus Gründen, die ich in persönlichem Gespräch jederzeit zu verteidigen bereit bin, habe ich sie jedoch nicht in einem Kapitel zusammengefaßt. Andererseits kann ich sie auch nicht in jedem Rezept wiederholen. (Überhaupt bin ich fest entschlossen, in diesem Buche gar nichts zu wiederholen – irgendwo muß man sich von Literatur unterscheiden.) Wer also im vorigen Abschnitt nicht mitbekommen hat, daß (von seltenen Ausnahmen abgesehen) chinesisches Essen bereits in der Küche zerkleinert wird und nicht auf dem Teller, wird sich nun wundern, wenn dem Zerkleinern von Lebensmittel ein besonderer Abschnitt – auch noch bebildert – gewidmet ist.

Aber die Lektüre ist nützlich. Man soll sich informieren, weil die Chinesen nicht blindlings alles zerschnippeln, wie's gerade kommt, womöglich nach Temperament oder Laune, hacken alles zu Mus, wenn sie wütend, dreiteilen ein Schwein dagegen nur, wenn sie fröhlich sind. Auch diesen Teil der Essensvorbereitung haben sie gründlich durchdacht und verschiedene Methoden durchprobiert.

Da ich die chinesische Küche nicht erfunden habe, sondern nur aufschreibe, was ich darüber weiß, falle ich vielleicht aus der Rolle, wenn ich jetzt erkläre, daß ich mit manchen Ergebnissen dieses Prozesses nicht einverstanden bin. Immerhin möchte ich Sie bescheiden darauf aufmerksam machen, daß nicht alles blindlings befolgt werden muß, was die Chinesen vorschreiben.

Schließlich ist es doch möglich, daß die Chinesen die Vorzüge gewisser Küchengeräte nur aus psychologischen Gründen nicht wahrhaben wollen. Ihr Verhältnis zur abendländischen Technik unterscheidet sich nun mal von unserem. Kulinarische Gründe können also, bewußt oder unbewußt, nur vorgeblich sein, das wirkliche Motiv wird verschwiegen. So muß jeder selbst entscheiden, wie weit er sich chinesischen Regeln beugt. Ob er, wenn ein Rezept gehacktes Fleisch verlangt, den Fleischwolf wirklich im Schrank läßt und mit Messer und Hackebeilchen das äußerlich nicht zu unterscheidende Resultat zu erzielen versucht. Chinesische Köche behaupten, daß durchgedrehtes Fleisch wohl genauso klein sei wie handgehacktes, aber es fehle ihm einfach der Effekt, der bereits entsteht, wenn man Fleisch auch nur ein einziges Mal mit der Breitseite des Beilchens schlage.

Der Mangel an speziellen Vokabeln erspart mir und Ihnen immerhin eine allzu große Ausführlichkeit. Das heißt, letzten Endes sind es nicht die allgemeinen Vokabeln, denn da können wir ja auch einiges leisten, aber wenn ich mich nicht sehr irre, beschränkt sich der Reichtum unseres Wortschatzes auf das ganz kleine Zerkleinern, da können wir krümeln, granulieren, mahlen, fusseln, schnitzeln, zermalmen, zerreiben, schaben, raspeln und vermutlich sehr viel mehr. Aber den guten Mittelweg, der in der chinesischen Küche eben sehr oft benutzt wird, den gibt es meines Wissens in unserer Sprache kaum.

Da man außerdem einer deutschen Hausfrau, die schon ein Diplom erwartet, wenn sie braten, rösten, schmoren und grillen voneinander unterscheiden kann, nicht zumuten darf, auch noch zwischen acht verschiedenen Möglichkeiten Fleisch kleinzuhacken zu wählen, habe auch ich mich hier sehr zurückgehalten, was der Zerkleinern angeht. Um die wenigen Möglichkeiten, die unbedingt nötig sind, auch klarzumachen, hat unser Rowohlt-Picasso ein paar Formen gemalt:

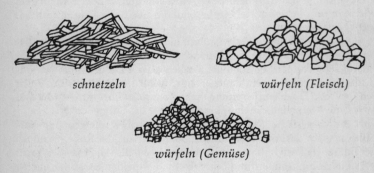

schnetzeln   würfeln (Fleisch)

würfeln (Gemüse)

Schnetzeln

Das Wort habe ich mir in der Schweiz geborgt und werde es auch sicher nach Gebrauch wieder zurückgeben. Aber gemeint ist damit etwas, was als Resultat die Form eines Streichholzes hat. Natürlich ist das eine Utopie, verwirklichen kann man diese Idealgestalt nie, auf keinen Fall bei Fleisch. Aber man sollte eben versuchen, diesem Ziel so nahe wie möglich zu kommen.

Würfeln

Fleisch muß nicht quadratisch gewürfelt werden. Wie die Abbildung von Meisterhand jedoch bereits erkennbar macht, sind die Würfel bei Fleisch größer als die Würfel bei Gemüse. Sie werden bis zu einer Seitenlänge von 3 cm hergestellt.

Die Gemüsewürfel sind jedoch richtige Würfel, wie man sie, je nach Charakter für «Mensch ärgere dich nicht» oder «Chicago» verwendet.

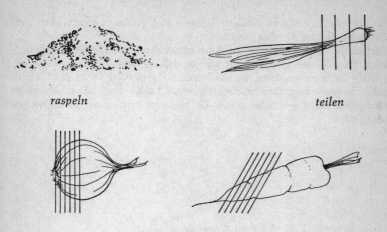

raspeln   teilen

in Scheiben schneiden

In Scheiben schneiden

Hier gibt es zwei grundsätzliche Unterschiede: Es wird gerade oder diagonal geschnitten.

Daß Fleisch und faseriges Gemüse gegen das Gewebe geschnitten werden, ist nicht weiter ungewöhnlich. Fleisch wird dadurch beim Braten saftiger und zarter. Eben neu für uns ist der Unterschied zwischen gerade und diagonal, der aber nur bei Gemüse beachtet werden muß.

Gerade geschnitten werden hauptsächlich Zwiebeln und die meisten Kräuter, auch die meisten Pilzsorten.

Diagonal geschnitten werden hauptsächlich Möhren, Sellerie, Gurken, Ingwer und einige Sorten Kohl und Pilze.

Die Chinesen versprechen sich davon, daß der Geschmack besser erhalten wird.

Einige in Scheiben geschnittene Dinge werden übrigens wiederum geschnitten, aber ehe ich mir dafür ein Wort ausdenke, erwähne ich es lieber später im Rezept.

Teilen

Obwohl auch das durch die Zeichnung klar sein sollte, möchte ich vorsichtshalber darauf hinweisen, daß bestimmte Gemüse in längere Abschnitte geteilt werden sollen. Das ist bei jungen Zwiebeln wichtig, bei Porree.

Noch ein paar allgemeine Hinweise:

Soll Fleisch in dünne Scheiben geschnitten werden, kann es vorher angefroren werden.

Weiche oder glitschige Zutaten können mit einem Hackebeilchen und die Arbeitsplatte gedrückt werden.

Wer übrigens sein Fleisch tatsächlich mit Messer und Hackebeilchen zerkleinern will, der sollte darauf achten, daß er nicht bis zum Schluß die scharfe Seite seines Instruments benutzt. Es besteht sonst die Gefahr, daß sein Essen einen unerwünschten Beigeschmack von Holz erhält, einen jum-baahn may – um bei dieser Gelegenheit mit etwas Chinesisch zu protzen.

Die «mysteriösen» Zutaten

Irgendwo habe ich bereits behauptet, daß das Material, die Zutaten oder wie es hierzulande zärtlich benannt wird, das Lebensmittel, sich von dem allgemein bei uns üblichen nicht unterscheidet. Von dem unüblichen ist das meiste seit Jahren hier zu kaufen, in jedem besseren Feinkostgeschäft zwischen Hindelang und Süderlügum, auch in Supermärkten, ganz sicher in den Lebensmittelabteilungen der großen Kaufhäuser.

Was summarisch behauptet, soll hier detailliert belegt, gleichzeitig aber auch Ihnen das Einkaufen erleichtert werden.

Obendrein kann es nicht schaden, wenn man bei einigen Dingen weiß, was man da eigentlich ißt.

Es wird darüber hinaus Ersatz vorgeschlagen, wo es angeht und das Ergebnis wenig oder gar nicht beeinträchtigt wird.

Gleichzeitig werde ich versuchen, bei Dingen, die den gleichen Namen tragen, aber nicht gleich sind, auf die Unterschiede hinzuweisen.

In bestimmten Fällen, hauptsächlich bei Konserven, halte ich es für nützlich, auch die englische Bezeichnung zu erwähnen. Die Konservenindustrie in Hongkong, Japan, Formosa oder der Volksrepublik China – unsere wichtigsten Lieferländer also – haben sich noch nicht entschließen können, die deutschen Bezeichnungen hübsch groß auf die Dosen zu malen. Nach den kleinen, bereits vorhandenen Etiketten zu urteilen, ist das bedauerlich. Es gäbe viel Spaß und lustige Verwechslungen.

Bambus

Bambus gehört zu den bei uns nicht gebräuchlichen, in China dagegen besonders gern gegessenen Gemüsen. Frische Bambussprossen dürften nur selten den Weg hierher finden, so ist es auch nur von akademischem Interesse, daß sich der Winterbambus vom Frühjahrsbambus unterscheidet. Der Winterbambus schmeckt besser. Sollte jedoch der Zufall es wollen: Kochen Sie frischen Bambus, bevor Sie ihn weiter verwenden, etwa zwanzig Minuten, schälen Sie ihn (vorm Kochen). Wir anderen kümmern uns weder um den Winter- noch um den Frühjahrsbambus, sondern begnügen uns mit dem Dosenbambus. Vermeiden Sie den manchmal vorgebratenen, vorgekochten oder sonstwie zubereiteten. Sollten Sie am Bambus eine weiße Schicht entdecken, kratzen Sie sie einfach ab, es ist nur Kalk.

Bohnensprossen

Wenn die Leute von Bohnensprossen (bean-sprouts) reden, meinen sie meistens Erbsensprossen. Ich habe schon Gläser gesehen, auf denen keß stand «Sojabohnen-Keimlinge». Auch das waren Erbsensprossen (von mir aus Erbsenkeimlinge).

Doch was nützt es, wenn wir mit unserer schmalen Brust uns gegen falsche Bezeichnungen stellen. Würden wir von nun an Erbsensprossen sagen, wäre es auch nicht immer richtig. Im Geschmack unterscheiden sie sich kaum voneinander. Nur müssen richtige Bohnensprossen länger gekocht werden – wenn sie frisch sind.

Und es gibt frische Bohnensprossen. Ich habe sie in Stuttgart auf dem Markt gesehen, in München und in Hamburg in Geschäften.

Gärtnerische Talente können sich solche Sprossen auch leicht selbst ziehen. Es sind eben Keimlinge. Das geht auf einem Balkon, selbst in einer Küche.

Die frischen sind viel knackiger als die aus der Dose. Aber sie machen auch mehr Arbeit. Kopf und Wurzel müssen abgeschnitten werden. Da gibt es verschiedene Methoden. Sie reichen vom schlichten Beschneiden der einzelnen Sprosse bis zum Durchkämmen nach einem Vollbad.

Während das Beschneiden die sicherste Methode ist, sollte man sich aber auch überlegen, daß man montags damit anfangen sollte, wenn man zum Wochenende essen will. Dabei ist wiederum zu bedenken, daß sich die Sprossen nur einen Tag frisch halten. Als Vollbad habe ich gemeint, was so vor sich geht: Man wirft die Sprossen in eine Schüssel mit kaltem Wasser, hält sie so lange unter Wasser, bis sie senkrecht schwimmen, mit dem Kopf nach oben. Jetzt kann man sie gebündelt greifen und mit einem passenden Kamm die dickeren Enden abreißen. Ich weiß nicht, ob das Rezept für jedermann tauglich ist. Wenn ich es jedenfalls versuchte, wollten die Sprossen nicht in die gewünschte Lage schwimmen. Aber gesehen habe ich es oft – in China. Freilich habe ich auch in China Köche gesehen, die aus einem angekochten Huhn nach einem kleinen Schlag mit einem einzigen Griff alle Knochen herausgezogen haben. Das sind für mich Varieté-Attraktionen. Auf diesem Gebiet habe ich keinen Ehrgeiz.

Wenn ich also niemanden finde, der mir meine frischen Sprossen beschneidet, nehme ich sie aus der Dose. Die sind freilich auch nicht beschnitten, aber der unangenehme Geschmack von Kopf und Wurzel kommt nicht so heraus. Außerdem kann man bei den Dosensprossen die dikken Teile am Kopf ganz gut mit den Fingern abknipsen.

Die Dosensprossen sollten übrigens vor Gebrauch eine Weile in kaltem Wasser aufgefrischt werden – aber dann auch wieder gut abgetropft.

Erbsen

Bei der Übersetzung dieses so einfach erscheinenden Wortes – in Wahrheit wird natürlich nicht das Wort übersetzt, sondern die Bezeichnung der Frucht – ist eine verwirrende Konfusion entstanden.
Chinesische Erbsen sind anders als unsere Erbsen. Vor allem werden sie vollständig benutzt, das heißt mit der Schale – vor allem die Schale. Genauso gibt es sie hier nicht und vermutlich ist so der Übersetzungswirrwarr entstanden. Niemand hat so recht gewußt, was er damit machen soll. Würde man die chinesische Bezeichnung möglichst genau übertragen, dann hieße die Erbse «holländische Bohne». In den Vereinigten Staaten heißen die Bohnen dann freilich «chinesische Erbsen».
In England habe ich eine ähnliche Frucht gesehen als «französische Erbse». In Frankreich als «mange tout», womit der Sache auch wenig gedient ist. Wie ich höre, sollen die Skandinavier sie Zuckererbse oder Schneerbse nennen. Zuckererbsen habe ich auch hier gesehen und gekostet – vielleicht geht es, wenn sie ganz jung sind.

Essig

Selbst bei uns ist Essig in verschiedenen Konzentrationen zu haben. Wenn in einem Rezept also Mengen angegeben sind, dann bitte Vorsicht. Chinesischer Essig ist übrigens meistens milder als unser milder.

Gurken

Gurken sind kleiner als unsre normalen Salatgurken. Sie ähneln äußerlich ein bißchen diesen grünen länglichen Dingern, die in katholischen Gegenden unseres Landes als Zucchini zu kaufen sind.

Ingwer

Ingwer ist frisch bei uns kaum zu kaufen, und das ist wirklich ein Mangel. Denn frische Ingwerwurzeln sind nicht zu ersetzen. Hier gibt es natürlich die verschiedensten Arten, ganz getrocknet, in Scheiben getrocknet, pulverisiert, in Sirup, in Honig eingelegt und was weiß ich noch alles. Ich würde sagen: Mit dem pulverisierten anfangen, sich dann langsam vorarbeiten, ausprobieren. Aber bitte: Wenn in den Rezepten gehackter oder in Scheiben geschnittener verlangt wird, dann ist wirklich gehackter oder in Scheiben geschnittener gemeint und kein pulverisierter. Wer statt dessen pulverisierten nimmt, braucht nur einen Bruchteil der für frischen angegebenen Menge.
Aus gegebener Veranlassung möchte ich noch erwähnen, daß Ingwer auf Dosen meistens als Ginger angeboten wird, auch als Stem-Ginger.

Nun habe ich gerade eine Dose vor mir mit einem solchen übersetzten Etikett, das heißt, neben dem Originaletikett in englischer Sprache mit ein paar chinesischen Charakteren klebt ein kleiner weißer Zettel mit der deutschen Beschriftung. Die lautet nun:

Chinesischer Ingwer Essig Gemüse. Leicht Gesalzen.

Aus diesem Etikett ist allerhand zu entnehmen. Nur, wer denkt, daß vielleicht Ingwer in der Dose ist, der irrt sich. Das englische Etikett verspricht freilich auch «pickled leek», also eingelegten Porree. Tatsächlich sind jedoch Schalotten in der Dose.

Kohl

Kohl ist immer Weißkohl. Das Gemüse des armen Mannes, auch in China. Leider sieht er nicht so aus, wie unser Weißkohl. Er ist länglich gewachsen, etwas lockerer als unserer. Hin und wieder habe ich ihn hier in Geschäften gesehen, aber zur üblichen Ausrüstung unserer Gemüsegeschäfte gehört er nicht. In Ostberlin bin ich ihm trotz aller ideologischen Auseinandersetzungen viel öfter begegnet. Er nennt sich hier auch nicht einfach Weißkohl, sondern Chinakohl. Allerdings habe ich auch schon den Namen Selleriekohl gesehen. Zu ersetzen ist der Chinakohl, ob man's glaubt oder nicht, durch Weißkohl.

Lauch / Porree

Wenn Porree gewünscht wird, ist fast immer das Weiße gemeint. Da die Chinesen bei manchen Gerichten schwanken, ob sie nun Zwiebeln nehmen sollten oder Porree, sollten wir meistens Porree nehmen, weil unsere Zwiebeln kräftiger sind als die chinesischen, auch vom Porree möglichst zarte, schlanke Stangen.

Mononatriumglutamat

Hoffentlich habe ich niemanden mit dieser Bezeichnung erschreckt. Gemeint ist ein Würzpulver, das unter abenteuerlichen Namen angeboten wird. Es kann Ve-Tsin heißen, auch, wenn es aus Japan kommt, Aji-No-Moto, einfach Gourmet-Puder, es wird als Super-Gewürz angeboten, die Amerikaner verkaufen es als M.S.G., weil ihnen Monosodiumglutamat zu lang ist.

Vor einiger Zeit konnte ich einen Herrn mit asiatischem Gesichtsschnitt im Nachmittagsprogramm des deutschen Fernsehens beobachten, wie er etwas in die Pfanne haute, was laut Programm ein chinesisches Gericht darstellen sollte. Er nannte dieses Pulver schlicht Chinagewürz. Das war insofern tröstlich, als auf diese Weise wenigstens etwas an seiner Speise chinesisch war.

Tatsächlich sind sämtliche Pulver dieser Art im Grunde nichts anderes als Mononatriumglutamat, glutaminsaures Natrium also. Nachdem mein erstes Kochbüchlein vor Jahren erschienen war, schickte mir ein Chemiker aus Leverkusen sogar die Formel dafür. Leider habe ich den Brief (unbeantwortet auch noch) verloren.

Dieses weiße Pulver ist sehr nützlich, seine etwas merkwürdige Eigenschaft besteht darin, daß es keinen besonderen Eigengeschmack besitzt (ganz schwach wie Suppenwürze), dennoch den Geschmack vieler Speisen unterstützt. Sozusagen den richtigen Pfiff gibt, manches akzentuiert. Natürlich bleibt es ganz Ihnen überlassen, ob Sie ein kleines Fläschchen mit 10 g, aber exotisch etikettiert kaufen oder für genausoviel Geld bei Ihrem Drogisten ein Kilo der gleichen Substanz.

Pilze

Chinesische Pilze sind nicht mit unseren zu vergleichen. Frisch werden sie freilich auch in China nicht sehr oft verwendet, sondern ebenfalls getrocknet. Und getrocknet kriegen wir sie hier auch. Die normalen chinesischen Pilze sind braun, bleiben, nachdem sie zehn bis zwanzig Minuten in warmem Wasser geweicht sind, ziemlich fest und fleischig. Hin und wieder habe ich hier auch die getrockneten, sogenannten Graspilze gesehen. Sie sind aber eher Gewürz als Gemüse. In diesen Rezepten meinen wir also die braunen chinesischen Pilze, wenn Pilze verlangt werden. Sie werden immer geweicht, bis zu zwanzig Minuten reichen, die Stengel werden immer abgeschnitten und weggeworfen.

Stärkemehl

Im Gegensatz zu unseren Köchen ziehen die Chinesen Stärkemehl zum Andicken dem gewöhnlichen Mehl vor, ganz gleich, wie es auch hier immer genannt wird, ob Kartoffelmehl oder nach Fabrikaten etwa Mondamin, Maizena usw.

Nach Ansicht der chinesischen Köche hält Stärke die Speisen länger heiß. Ganz sicher sieht das chinesische Essen appetitlicher aus, nämlich glänzender.

Es ist wohl überflüssig zu erwähnen, daß Stärkemehl den Speisen immer aufgelöst zugesetzt wird.

Saucen

Soja-Sauce ist schon deshalb besonders wichtig in der chinesischen Küche, weil sie fast immer an Stelle von Salz verwendet wird. Zu ersetzen wäre sie vielleicht mit einer flüssigen Suppenwürze, aber das muß nicht sein, denn Sojasauce ist überall zu haben. Nur sollten Sie darauf achten, daß es selbst hier verschiedene Sorten gibt, die auch unterschiedlich salzig sind. Besonders abweichend von der in China und Japan üblichen Soja-Sauce ist eine Gattung, die – warum weiß ich nicht – aus Holland eingeführt wird, als ob die Niederländer glauben, auf diese Weise noch etwas von ihrer indonesischen Kolonialvergangenheit in die Gegenwart retten zu können. Ein dicker brauner Sirup. Freilich habe ich oft an Spezialständen, die ebenfalls in Holland zusammengestellten oder fabrizierten «echten» Zutaten für eine «echt chinesische Reistafel» gesehen. So ist der braune Brei denn wohl eher als logische Folge des ersten Irrtums anzusehen. Eine Reistafel gehört zur chinesischen wie, sagen wir, Spaghetti zur norwegischen Küche.

Austernsauce hat einen delikaten Spezialgeschmack. Sie ist bei einigen Speisen angebracht, aber nur bei sehr wenigen.

Bohnenpaste gehört in die Gattung der Saucen. Sie wird ebenfalls aus Sojabohnen hergestellt, sollte nach Möglichkeit nicht mit Bohnenkäse verwechselt werden, was leider auf manchen Etiketten geschieht. Freilich kann auch Bohnenkäse (bean-curd) zum Würzen verwendet werden. Während jedoch die Bohnenpaste braun und noch flüssig ist, ist der Bohnenkäse in weißgrauen Würfeln im Handel, eine Art Quark mit starkem Wein gegoren. Übrigens wird die Bohnenpaste in Dosen verkauft und nicht in Flaschen.

Spinat

Asiatischer Spinat ist kleiner als unserer und auch viel zarter. Also nach Möglichkeit ganz jungen Spinat nehmen.

Tee

Tee wird in China oft getrunken, eigentlich von morgens bis abends, besonders im Frühling in Peking, wenn der staubige Wind aus der Mongolei die Stadt austrocknet. Daß der Tee eine der Ursachen des Opiumkrieges war, spricht weder für noch gegen ihn. Immerhin ist es nicht überraschend, daß es wesentlich mehr Sorten gibt als bei uns. Grob unterscheiden die Chinesen aber nicht die Variationen des bei uns üblichen schwarzen Tees. Sie trinken ebenso den sogenannten grünen Tee und Jasmintee. Welchen Tee Sie benutzen, bleibt Ihnen überlassen. Sie können jede Sorte hier kaufen.

Aber wenn Sie Tee servieren, auf chinesische Weise, dann auf alle Fälle ohne Zucker, Milch, Sahne oder Zitrone. Denn Tee ist nur Tee, weiter nichts. Er wird auch meistens gleich in der Tasse aufgebrüht. Ein guter halber Teelöffel Blätter kommen in die Tasse, kochendes Wasser drüber und ein Deckel drauf. Da die chinesischen Teetassen mit einem Deckel versehen sind, kann der geübte Trinker auch mit diesem Deckel beim Trinken die Flöhe zurückhalten.

Freilich halte ich es nicht für verbrecherisch, Tee nun in einer Kanne auf-
zubrühen. Es gibt genug Chinesen, die sich ebenfalls diese Freiheit nehmen – soviel Auswahl in Freiheiten haben sie ja ohnehin momentan
nicht gerade.

Wassermaronen

Wassermaronen gibt es hier in Dosen. Sie sind im Geschmack und in
der Konsistenz am ehesten mit Bambussprossen zu vergleichen, werden
aber lange nicht so oft verwendet.

Wein

Chinesischer Wein wird meistens aus Reis hergestellt, nur ganz selten
aus Getreide. Aber eben nie aus Wein. Der Name Wein ist demnach
irreführend. Aber er stammt nicht von mir. Schnaps wäre angebrachter.
Chinesischer Wein wird oft zum Kochen verwendet – aber er ist nun
tatsächlich ganz selten zu kaufen.
Das ist nicht weiter schlimm, denn der japanische Wein, genannt Sake,
ebenfalls aus Reis fabriziert, unterscheidet sich im Geschmack wenig
vom chinesischen Shao-Hsing. Und Sake ist überall zu kaufen. Er ist
auch nicht außergewöhnlich teuer. Alkoholgehalt zwischen 16 % und
18 %. Wer allerdings auf Ersatz besteht, kann deutschen Wein nehmen,
Sherry oder von mir aus auch Cognac.

Zwiebeln

Mit den Zwiebeln ist es so eine Sache. Wohl kennen die Chinesen auch
die bei uns üblichen Sorten. Aber sie kennen noch viel mehr, weil sie in
Zwiebeln offenbar vernarrt sind. Wir haben doch kaum mehr als drei
Variationen: die großen normalen, die Schalotten und die ganz jungen,
wenn sie noch gebündelt zu kaufen sind. Wenn im Rezept Zwiebeln
verlangt werden und Sie haben nur diese großen runden Apparate, ist
es oft besser, Porree zu nehmen. Andererseits können Sie auch Zwiebeln
nehmen, wenn Porree im Rezept steht. Manchmal steht vielleicht auch
Lauch da. Die Auswahl ändert sich nicht, entscheiden können Sie.

Abgesehen von den hier aufgezählten Zutaten, werden Sie in Ihren Geschäften vielleicht noch Dinge sehen, die, ebenfalls aus asiatischen Gegenden eingeführt, Ihre Neugierde wecken. Manches davon steht hier
nicht, weil es, wie etwa Lychees oder Lotosnüsse keine Zutaten sind,
sondern so gegessen werden, wie sie aus der Dose kommen.
Andere Dinge sind so speziell oder extravagant. Manches gehört gar
nicht in die chinesische Küche. Einiges wird nur im Rezept erwähnt.
Vieles habe ich vermutlich nur vergessen.

Chop-Suey

Es gibt wohl kein Gericht in den chinesischen Restaurants von San Francisco bis Berlin, das so beliebt ist, wie Chop-Suey. In Mandarin, der chinesischen Hochsprache, wird es etwas anders ausgesprochen, nämlich Tsa-Sui.

Da man wohl Kochen am einfachsten durch Kochen lernt, will ich nach soviel Grundsätzlich-Theoretischem, nach der Hymne und anderen unnützen Hinweisen endlich mit der Praxis gegen Sie vorgehen.

Chop-Suey gibt es, wie Sie vielleicht selbst bei Restaurant-Besuchen bereits bemerkt haben, in verschiedenen Ausführungen.

Chop-Suey 1

Dazu wird gebraucht:

I. ½ Pfund Schweinefleisch gehackt;
Salz;
Stärkemehl.

II. ½ Pfund Hühnerfleisch, gewürfelt;
¼ Pfund gekochter Schinken, gewürfelt.

III. 2 Eßl. Sojasauce;
2 Eßl. Wein.

IV. Etwa 10 Pilze, in Scheiben geschnitten;
½ Tasse Sellerie, in Scheiben geschnitten (Staudensellerie!);
½ Tasse Bambus, in Scheiben geschnitten, wenn es zu große Stücke sind, die Scheiben wieder in Streifen;
Salz.

V. 1 Eßl. Stärke (in etwas Wasser aufgelöst, natürlich).

Es geht los: Das Schweinefleisch wird mit etwas Salz und Stärke und Wasser durchgerührt. Aus der Masse werden kleine Klößchen geformt.
Die Klöße werden fritiert, nicht länger als fünf Minuten, beiseite gestellt.
In möglichst wenig Öl werden jetzt etwa zwei Minuten lang Hühnerfleisch und Schinken gebraten.
Immer rühren dabei, damit nichts an der Pfanne klebenbleibt.
Dann die vorgebratenen Fleischklößchen dazu.

Darüber III gießen.

Alles zusammen noch mal etwa 3 Minuten braten, beiseite stellen.

In wenig Öl IV anbraten. Zwei Minuten das Gemüse allein.

Dann das Fleisch in die Pfanne.

Darüber das Stärkemehl, alles schön durchrühren, und wenn die Sauce fest ist, vielleicht noch eine Minute in der Pfanne lassen.

Dieses Chop-Suey kann noch ergänzt oder verändert werden. Sie können, ohne Schaden anzurichten, folgende Früchte oder Gemüse hinzufügen:

    Ananas,

    Paprika,

    Tomaten,

    Bohnensprossen.

Der Name des Gerichtes verändert sich nach Ihren Zutaten entsprechend in:

    Chop-Suey mit Ananas,

    Chop-Suey mit Paprika,

    Chop-Suey mit Tomaten,

    Chop-Suey mit Bohnensprossen.

Die zweite Art Chop-Suey unterscheidet sich vor allem dadurch, daß statt Huhn und Schweinefleisch Rindfleisch genommen wird.

Chop-Suey 2

I. 1 bis $1^1/_4$ Pfund Rindfleisch, gewürfelt.

II. 1 Tasse Stangensellerie (oder Bleichsellerie genannt), in kleine Scheiben geschnitten;

    1 Tasse Bambus, in kleine Scheiben geschnitten;

    2 mittelgroße Zwiebeln, in Streifen geschnitten;

    1 Eßl. Zucker oder Sirup;

    2 Tassen Fleischbrühe.

III. 2 Eßl. Sojasauce;

    2 Eßl. Wein.

IV. 1 Eßl. Stärkemehl.

Fleisch etwa drei Minuten in wenig Öl braten.

Beiseite stellen.

Sellerie und Zwiebeln kurz anbraten, Sirup (oder Zucker) und die Brühe dazu.

Dann Bambus.

Nach etwa zwei Minuten das vorher gebratene Fleisch.
Dann Wein und Soja.
Alles zusammen etwa zehn Minuten ziehenlassen.
Stärke in die Sauce, wenn die Sauce dick ist, ist das Essen fertig.

Der Chop-Suey-Kenner, das heißt derjenige, der sich nach dem angebotenen Chop-Suey die Restaurants aussucht, wird Sie loben und für eine verblüffende Künstlerin der chinesischen Küche halten.
Die Methode, auf diese Weise die Kochkunst in den verschiedenen Restaurants auf die Probe zu stellen, wäre für einen Feinschmecker sicherlich verlockend, wenn sie nicht einen Haken hätten, einen kleinen nur, der manchem Leser vermutlich lächerlich erscheint:
Chop-Suey (Mandarin: Tsa-Siu) ist kein chinesisches Gericht. Bei den Chinesen gilt es als eine eßbare ausländische, also barbarische Mahlzeit. Die freie Übersetzung von Tsa-Siu würde etwa lauten «gemischte Fragmente». Das trifft die Speise genau.
Wahrscheinlich ist Chop-Suey in den chinesischen Restaurants von New York bis Hamburg so beliebt, weil das Gericht im Grunde keinen Geschmack besonders hervorkehrt und deshalb den gewöhnlichen, abendländischen Gaumen nicht unnötig erregt oder verwirrt. Freilich wollen wir nicht sensibel sein, wenn es nicht lohnt: Für den Übergang kann man sich auch ruhig an einem Chop-Suey versuchen. Nur gewöhnen sollte man sich nicht daran.
Im Innern Chinas kennt man Chop-Suey, wie gesagt, überhaupt nicht, höchstens in den Hafenstädten. Es gibt kein Restaurant, das so frivol wäre und Chop-Suey auf seine Karte setzen würde. Mir ist nur eine Ausnahme bekannt geworden. Als seinerzeit die vielen Ausländer, hauptsächlich Amerikaner, in Tschungking lebten, soll es einen verwegenen Koch gegeben haben, der an seinem kleinen Restaurant ein großes Schild befestigte mit der aufrüttelnden Inschrift: «Hier gibt es Original San Francisco Chop-Suey.»
Von der Entstehung dieses berühmten Gerichts gibt es viele Legenden. In Hongkong hat man mir erzählt, daß man nur den Namen vergessen habe, den Erfinder aber doch kenne, mindestens seine Funktion. Er war Diener beim berühmten chinesischen Botschafter in Washington, Li Hung–chang, von dem der eine oder andere Leser vielleicht gehört haben mag; wenn nicht, brauchen Sie sich nicht zu grämen.
In dem hier wichtigen Zusammenhang muß nur erwähnt werden, daß dieser achtenswerte Diplomat monatelang amerikanische Mahlzeiten gegessen hatte.
Dem ehrenwerten Li Hung–chang wird man nicht übelnehmen können, daß er eines Tages seinen Diener anflehte, bei allem Respekt, versteht sich, doch endlich einmal ein chinesisches Gericht zu versuchen.
Da ging der arme Mann los, gutwillig, aber nicht mal in der Kunst des

Kochens ausgebildet, geschweige denn auch nur fähig, die wichtigsten Zutaten kaufen zu können. Er tat sein Bestes, aber er brachte nicht mehr zustande als den Ursprung zu dieser Geschichte. Freilich ist das die versöhnliche Lesart. Ich halte sie für falsch.

Viel glaubwürdiger erscheint mir die Fabel von einem chinesischen Koch in einem amerikanischen Bergwerk, der es satt hatte, als Verwalter der Kantine abends spät noch plötzlich warme Mahlzeiten für rauhe Bergarbeiter hervorzaubern zu müssen. Dieser brave Koch entschloß sich eines Tages, die Reste vom Mittagstisch nicht mehr den streunenden Hunden vorzusetzen, sondern den nächtlichen Gästen.

Das Vorbereiten ist wichtig

Als Verfasser dieses künstlerisch anspruchsvollen Kompendiums könnte ich es mir wahrhaftig leichter machen und etwa die Rezepte, drei pro Seite, schlicht aufnotieren, und die Sache ist erledigt. Sie verschwinden in die Küche. Ich kann ins Bett.

Aber nicht nur Sie müssen auf die Rezepte vorbereitet sein, auch die Rezepte sollen von Ihnen vorbereitet werden. Bei einem chinesischen Essen ist vorher viel mehr zu tun als bei Roastbeef mit Remouladensauce. Die Vorbereitungen sind sogar wichtiger als das Garmachen später.

Das Essen wird nicht von selbst fertig, wie vielleicht Irish Stew, wo man den Deckel stundenlang gar nicht vom Topf heben darf.

Andererseits ist das Herstellen nicht schwierig, es werden keine Zauberkunststücke verlangt, es ist nichts, was mal gelingt, dann wieder nicht. Die meiste Arbeit kann gemacht werden, bevor die Gäste kommen. Aber eben, man muß sich vorher seinen Kopf ziemlich gründlich zerbrechen. Ohne Vorbereitung ans Braten zu gehen ist gefährlich. Plötzlich stehen Sie in der Küche, die aussieht, als hätten Strohwitwer fünf Tage lang mit einem Ballett gefeiert, das Essen ist für den Hund, der freilich längst überfressen sein wird. Abgesehen davon, daß unsere Küchen immer kleiner werden, oft nur von den Bauherren noch so genannt werden, tatsächlich aber nichts weiter sind als Schränke mit fließend Wasser.

Zunächst einmal sollte man keine Rücksicht auf die Vorlieben irgendwelcher Individualisten unter den Gästen nehmen, sondern nur das machen, was ohne Nervenzusammenbruch auch gemacht werden kann. Neben ein paar von den komplizierteren Gerichten also auf alle Fälle etwas ganz Einfaches. Daß man, weil mehrere Gänge auf den Tisch sollen, schon grundsätzlich sortiert, ist eigentlich selbstverständlich. Also jeweils gleichmäßig Rezepte nach Fleisch, Fisch, Geflügel und Gemüse auswählen.

Solange man noch nicht trainiert ist, solle man auch keinesfalls mehr als fünf Gänge servieren, Reis und Suppe inclusive. Da kaum jemand mehr als vier Kochstellen hat, sollte man sich auch überlegen, daß vermutlich zwei durch Reis und durch Suppe bereits besetzt sind. (Wer nur drei Kochstellen hat, darf eigentlich nur eine Suppe machen, die vorher gekocht, später gewärmt werden kann.)

Die dritte Kochplatte kann für langsam kochende Gerichte benutzt werden, allerdings gibt es auch bei diesen Gerichten viele, die vorher gekocht werden können.

Da Sie mir sicherlich nicht gefolgt sind und das Buch von Beginn an kontinuierlich gelesen haben, somit die Rezepte noch nicht studiert, wird Ihnen vielleicht auch aufgefallen sein, daß man nicht genug Schüsseln bereitstellen kann.
Außerdem daß fast alles mit irgend etwas anderem vermengt wird.

Wahrscheinlich ist Ihnen auch aufgefallen, daß ich mir die Mühe gemacht habe, die Zutaten in Abteilungen zu trennen. Jede Abteilung ist praktisch ein Arbeitsgang beim Zubereiten. So kriegt man leichter Ordnung in die Dinge. Und ohne geht es nicht, selbst bei den größten Schlampen.
Wenn Fleisch mit irgend etwas angerührt werden soll, empfiehlt es sich, das ebenfalls vorher zu machen. Zehn Minuten muß das Fleisch eigentlich in jedem Falle ohnehin in seinen Zugaben ausruhen.
Auch auf die Uhr muß man mal blicken. Denn was nützt es Ihnen, wenn Ihr gastronomischer Trumpf fertig ist, der Reis aber noch nicht.
Doch wenn Sie sich ein bißchen Mühe vorher geben, geht kaum etwas schief. Lange Kochzeiten gibt es kaum. Wobei das Wort kochen naturgemäß wieder gefährlich ist, weil die Chinesen kaum kochen. Sie dämpfen meist oder braten – und das bei sehr großer Hitze.
Das chinesische Wort für Essen heißt «chow-fan». In etwa heißt das wiederum nichts anderes als:
Großes Feuer – wenig Fett – ständig rühren – schnell braten – kleingeschnittene Lebensmittel – feuchte Gewürze.
Es klingt wie ein Telegramm, verbirgt aber das ganze Geheimnis. Alles andere sind Variationen des Themas.

Die Mengenangaben

Die hier oft so präzis wirkenden Mengenangaben sind nicht so gemeint, wie sie aussehen. Sie sind nur für die Schüchternen und Ängstlichen zur Überwindung der Anfänger-Furcht.
Für die anderen sind solche Angaben sogar gefährlich – mindestens dann, wenn sie gegen das Gefühl verstoßen. Dann sollte sich jeder auf sich verlassen und nicht auf das Buch.
Wo gibt es auch einen vernünftigen Koch, der neben Schüssel, Pfanne und Topf noch eine Briefwaage stehen hat.
Die Unsinnigkeit sklavischen Gehorsams, was so ein Kochbuch angeht, geht schon daraus hervor, daß Mehl keineswegs überall Mehl ist, Essig nicht Essig, ja, nicht einmal Salz. Dann schreibt der eine Kochbuchverfasser noch beim anderen ab, der wiederum vorher bei einem anderen abgeschrieben hat, der auch abgeschrieben hatte. Was dabei bereits für Schreibfehler entstehen ...

Geflügel

Das Huhn

Abgesehen davon, daß das Huhn im chinesischen Denken – und zwar für das warme und positive Element universalen Lebens – als Sinnbild gilt und sich überhaupt Aberglauben und Legenden um Geflügel gebildet haben, essen die Chinesen diese Tierchen auch sehr gern.

Obwohl ich Statistiken nicht kenne, wenn es überhaupt zuverlässige gibt, möchte ich behaupten, daß die Chinesen Hühnerfleisch allem anderen Fleisch vorziehen.

Hühner sind vermutlich ohnehin in allen nationalen Küchen das am meisten bevorzugte Federvieh. Doch glaube ich nicht, daß in irgendeinem Lande Köche zu entdecken sind, die auch nur annähernd so viel mit einem Huhn anzufangen wissen wie die Köche Chinas.

Und noch etwas ganz Angenehmes: Wenn wir für Gäste Huhn als Hauptgericht haben, dann müssen wir schon ein paar schlachten – bzw. auftauen. Die Chinesen dagegen machen aus einem Huhn mehrere Gerichte.

Gewiß wird ein Huhn in manchen Fällen auch einfach gebraten. Aber niemals so lange wie bei uns. Wenn es, in zwei Hälften geteilt, zehn Minuten in der Pfanne liegt, ist es nach chinesischer Ansicht bereits gar. Nach meiner Ansicht auch.

Nichts ist schlimmer für ein Huhn, als wenn es in einem dieser Straßengrills von jungen Männern angerichtet wird, die durch ihre Autoschlosserprüfung gefallen sind und nun hier einen Job gefunden haben, weil er ebenfalls mit Motoren zu tun hat.

Huhn mit Ananas

Niemand kann von mir verlangen, daß ich dieses Kochbuch als mein Lebenswerk betrachte. Wenn ich dennoch gleich damit anfange, von einem Gericht drei Typen zu beschreiben, soll das niemand als wissenschaftliche Gründlichkeit auslegen. Denn dann müßte ich mehr tun. Für Huhn mit Ananas gibt es viel mehr und sich voneinander im Anrichten wie im Resultat unterscheidende Möglichkeiten. Eigentlich sind es zwei Gründe, die mich zu dieser Ausführlichkeit bewogen haben:

1. Wir sind am Beginn des Rezeptteils und, wenn man mir gefolgt ist, wird hier am Beispiel praktiziert, was vorher theoretisch anzudeuten versucht wurde – daß es eben nicht genügt, die Sachen klein zu hacken und in die Pfanne zu hauen.

2. Chinesisch essen ist meistens, bei uns auf alle Fälle, ein Essen mit Gästen. Es gibt nun merkwürdigerweise intelligente Menschen, die auch sehr freundlich sein können, denen man aber Kartoffeln mit deutscher Mehlpampe genausogut vorsetzen kann, wie ein Entrecôte mit einer Béarnaise, für die es Sterne im Michelin gibt.

Sie merken den Unterschied nicht. Für solche Gäste soll man den Bluff, der ohnehin beim Kochen eine wichtige Rolle spielt, gewissenlos übertreiben und exotisch wirkende Gerichte auf die einfachste Weise herstellen. Jede Anstrengung von Gehirn, Arm oder Zunge ist unnütz.

Damit soll freilich nicht behauptet werden, daß die Gerichte, die besonders kompliziert anzurichten, nun auch unbedingt die besseren sind. Bei Huhn mit Ananas mag es gleichwohl so sein. Herrschaften mit überfeiner Zunge empfehle ich deshalb Huhn mit Ananas III.

Huhn mit Ananas I

I. ¹/₂ Pfund Hühnerfleisch, in flache Scheiben geschnitten;
   1 Teel. Stärkemehl;
   1 Teel. Sojasauce;
   Öl, Pfeffer, Salz.

II. 1 Tasse Ananas (aus der Dose), in kleine Stücke geschnitten, wenn es nicht schon Stücke sind.

III. 2 Teel. Sojasauce;
    2 Eßl. Wasser;
    4 Eßl. Saft aus der Dose mit den Ananas;
    2 Teel. Stärkemehl.

IV. 1 kleine Knoblauchzehe, geraspelt oder klein gehackt.

Das Hühnerfleisch (sollten Sie Huhn in Papier für die gleiche Mahlzeit zubereiten wollen, dann nehmen Sie die Brust fürs Papierhuhn und den Rest hier) mit den anderen Ingredienzen in I vermischen.

In wenig Öl erhitzen, bis das Fleisch seine Farbe verändert – es soll also nicht ganz gar sein.

Dann die Ananasstücke in die Pfanne, ein Deckel auf die Pfanne und alles zusammen etwa drei Minuten brutzeln lassen.

Während dieser drei Minuten können Sie III miteinander vermengen.

Das Hühnerfleisch auf den Servierteller (Schüssel) schütten.

In der Pfanne in wenig Öl die Knoblauchzehe andünsten und die Sauce draufgießen. Wenn die Sauce dick ist, wird sie über das Hühnerfleisch und die Ananas geschüttet.

Was eine richtige deutsche Hausfrau ist, darf dieses Gericht mit Petersilie garnieren.

Andererseits dürfen es andere auch versuchen.

Huhn mit Ananas II

I. Das Fleisch eines kleinen Huhns, gewürfelt;
   2 Teel. Sojasauce;
   2 Teel. Wasser;
   1 Teel. Stärkemehl;
   Salz.

II. 2 kleine Zwiebeln;
   1 kleine Stange Staudensellerie, geteilt;
   12 Wassermaronen, in Scheiben geschnitten.

III. 1 Tasse Ananasstücke (aus der Dose);
   1 Tasse Saft von den Dosenananas.

Das Fleisch des Huhns mit dem Rest der Dinge aus I vermischen.
Die Gemüse aus II, jedes für sich getrennt, also solo, zwei Minuten etwa braten und dann beiseite legen.
Das Fleisch braten, auch nur zwei, drei Minuten.
Die Gemüse zugeben.
Einen Moment allein lassen.
Dann Ananas mit dem Saft in die Pfanne und warten, bis alles hübsch heiß ist.

Huhn mit Ananas III

I. 1 zartes Huhn (Hähnchen, wie immer).

II. 1 kleine Stange Porree, geteilt;
   5 Scheiben Ingwer;
   1 Eßl. Wein;
   3 Eßl. Sojasauce;
   Salz, Zucker.

III. 1 Tasse Ananasstücke aus der Dose;
   1/2 Tasse Saft vom Dosenananas;
   1/2 Tasse Saft vom gedämpften Huhn;
   1 Eßl. Stärkemehl.

Das Huhn wird fritiert (in tiefem Fett gebraten), ganz oder halbiert, bis es goldbraun ist.
Dann das Huhn in eine Schüssel oder Dämpfform mit den Zutaten aus II.
Etwa vierzig Minuten lang das Huhn mit den Zutaten dämpfen, dann sollte es gar sein.
Das Fleisch in vernünftige Happen teilen und auf den Servierteller legen.

Ganz schnell die Sauce aus III machen. Sie wird erhitzt, bis sie dick ist und dann über das Huhn gegossen.

Diese Sauce können wir natürlich nicht vorbereiten, da uns der Saft aus der Dämpfschüssel fehlt. Wenn viel Saft ist, kann man vorher schon etwas nehmen und die Sauce damit halbwegs vorbereiten.

Huhn mit Paprika

I. 1 junges Huhn.

II. 1 Eßl. Wein;
1 Eßl. Sojasauce;
4 Eßl. Stärkemehl.

III. 1 bis 3 rote Paprikaschoten (Tomatenpaprika), halbiert;
2 bis 5 grüne Paprikaschoten, geviertelt;
3 Scheiben Ingwer;
1 Knoblauchzehe, zerdrückt.

IV. 4 Eßl. Sojasauce;
2 Eßl. Wein;
Zucker, Salz.

V. 1 Teel. Stärkemehl;
1 Prise Glutamat.

Das Huhn wird in ungewöhnlich große Happen geteilt, so daß man sie grade noch in den Mund kriegt.

Sojasauce und Wein, etwas später Kartoffelmehl dazugeben und umrühren.

Die Hühnerstücke in tiefem Fett braten, bis sie goldbraun sind, beiseite legen.

In ausreichend Öl, Paprika und andere Zutaten aus III braten, etwa zwei Minuten, die Paprika dürfen nicht weich werden.

Das gebratene Huhn dazugeben, weiterbraten, gut rühren.

Wein, Zucker, Sojasauce aus IV dazu.

Das aufgelöste Stärkemehl in die Pfanne, Glutamat drüberstreuen.

Wenn die Sauce fest ist, ist das Essen fertig.

Huhn in Wein

(Dieses Gericht muß einen Tag vorher vorbereitet werden.)

I. 1/2 oder 1 ganzes Huhn, je nach Größe, etwa ein Pfund sollte reichen;
1/2 Stange Porree;
2 Scheiben Ingwer;
Salz.

II. $^1/_2$ Tasse Wein;
   $^1/_4$ Tasse Soja.

Das Huhn wird mit Salz eingerieben, mit Ingwer und Porree gefüllt.
Eine halbe Stunde etwa dämpfen, auf alle Fälle, bis es gar ist.
Dann über Nacht in die Mischung Wein / Sojasauce legen.
Am nächsten Tag in kleine Scheiben schneiden und kalt servieren.

Huhnröllchen am Spieß

I. 1 Pfund Hühnerfleisch.

II. 2 Teel. Sojasauce;
   $^1/_2$ Teel. Zucker;
   $^1/_2$ Teel. Stärkemehl;
   Salz, Pfeffer.

III. $^1/_4$ Pfund geräucherter Schinken.

Hier wird ein bißchen Geschick erfordert, denn das Hühnerfleisch muß
in möglichst große, aber dünne Scheiben geschnitten werden.
Auf diese Scheiben kommt die Mischung aus II.
Die Schinkenscheiben werden so zurechtgesetzt, daß sie genauso groß
werden wie die Hühnerscheiben, und drübergelegt.
Dann der Länge nach einmal falten und so auf einen Spieß rollen, der
Länge nach also.
Wie eine Großmutterroulade das Ganze mit einem Zwirnsfaden umwik-
keln und grillen.
Wenn es goldbraun ist – das dauert vielleicht zwanzig Minuten –, die
Rolle vom Spieß ziehen und diagonal in große, aber nicht dicke Schei-
ben schneiden.

Huhn mit Walnüssen

I. 1 Pfund Hühnerfleisch, gewürfelt;
   1 Eiweiß;
   1 Eßl. Stärkemehl.

II. 2 Tassen Walnüsse, ohne Haut.

III. 2 Scheiben Ingwer.

IV. 1 Eßl. Wein;
   3 Eßl. Sojasauce;
   1 Teel. Zucker.

   V. 1 Teel. Stärkemehl.

Anfangen würde ich in jedem Falle mit den Walnüssen. Sie müssen nämlich gehäutet werden. Wenn Sie eine Hilfskraft zur Hand haben, benutzen Sie sie. Sie werden es nicht bereuen. Man blanchiert die Nüsse für diesen Zweck, man kann sie auch kurz aufkochen. Man kann überhaupt alles mit den Walnüssen anstellen: um die Haut abzuziehen, muß man in jedem Falle eine ruhige Hand und noch bessere Nerven haben. Es ist eine entsetzliche Fummelei. Aber ich kenne Leute, die Spaß dran haben und sogar behaupten, es ging ganz einfach. Leider haben diese Leute einen schlechten Charakter, und ich lade sie nie ein.

Da wir bei den Walnüssen sind, gleich weiter damit, auch wenn sie unter II rubriziert sind.

Sie müssen fritiert werden. Vorsicht! Das geht schnell. Die Dinger sind nicht nur schwer zu schälen, sie verbrennen auch in seltener Geschwindigkeit und können dann nur noch als Holzkohlenersatz benutzt werden. Kurz braten also, bis sie hellbraun sind.

I miteinander vermischen. Das Eiweiß darf nicht geschlagen werden.

In etwas mehr Öl als gewöhnlich (genaue Angaben zu machen, halte ich für Unsinn. Jeder hat eine andere Pfanne, mancher sogar eine chinesische oder vielleicht eine, die sehr brauchbar ist und mit Teflon o. ä. Zeug beklebt oder bespritzt ist). Ingwer und Fleisch ein paar Minuten braten. Wenn das Fleisch braun ist, die durchgerührte Abteilung IV zugeben. Ein paar Minuten weiter braten.

Ganz zum Schluß Stärkemehl und die vorgebratenen Walnüsse dazu. Wenn die Sauce fest ist, servieren.

In Papier eingewickeltes Huhn

I. ½ Pfund Hühnerfleisch – vielleicht etwas mehr, auf alle Fälle sollen 60 kleine Stückchen aus dem Fleisch geschnitten werden können, am besten Brustfleisch.
30 Scheiben Ingwer;
30 Erbsen;
30 kleine Stückchen Zwiebeln oder Porree.

II. 1 Eßl. Wein;
2 Eßl. Sojasauce;
1 Teel. Stärkemehl (nicht unbedingt notwendig);
Salz, Pfeffer, Zucker.

III. 30 Quadrate aus Wachspapier;
Hühnerfett oder Schmalz.
evtl. 30 Stücke gekochter Schinken.

Das Hühnerfleisch soll in kleine Stücke geschnitten werden, und dafür gibt es nach chinesischen Küchenmeistern genaue Vorschriften. Das Hühnerfilet soll in Stücke folgender Abmessungen aufgeteilt werden: 0,5 cm x 1,3 cm x 3,8 cm. Ich habe die Vorschrift nie befolgt und es ging auch so. Aber wer die Genauigkeit liebt, kann jetzt gern seinen Zollstock holen. Wir anderen arbeiten ungestört weiter und bescheiden uns mit der feindlichen Anatomie der Hühner.

60 Stückchen Fleisch schneiden.

Die Hühnerstücke vermischen mit II.

Wer den Zollstock hat, braucht ihn nicht wieder wegzubringen. Er ist auch für uns nützlich. Denn wir müssen aus Cellophan oder Wachspapier Quadrate schneiden, 30 Stück mit einer Seitenlänge von 12 bis 15 cm. Das Papier einfetten mit Schmalz oder Hühnerfett.

In dieses Papier wird nun unser Fleisch und, falls wir uns dazu entschlossen haben, die dem Hühnerfleisch angepaßten Stücke Schinken dazugelegt. Ebenso Zwiebel und Erbse.

Also: In das Papier kommen 2 Stückchen Hühnerfleisch, wenn man hat, eine Scheibe Ingwer (sonst den Ingwerersatz vorher zum Marinieren verwenden), eine Erbse, ein Stückchen Zwiebel und evtl. ein Scheibchen gekochter Schinken.

Die Einlagen werden nun eingepackt, und zwar nach einer Methode, nach der Chinesen auch Geschenke verpacken. Unser Künstler, sonst Besseres gewohnt, hat sich bereit gefunden, das einmal aufzumalen. Die Zeichnung erspart komplizierte Erklärungen.

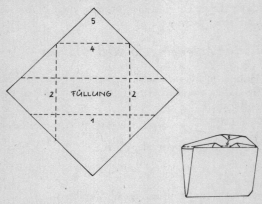

Die chinesische Methode, ein Geschenk einzupacken.

Die kleinen Päckchen werden fritiert, zwei, drei Minuten dürften genügen. Die Päckchen werden unausgewickelt auf den Tisch gebracht. Allerdings sollen sie vorher sehr sorgsam abgetropft sein.

Denn der Saft in den Päckchen war der Grund unserer Mühe, er sollte sich nun nicht mit Öl aus der Friteuse vermischen.

Samt- und Satinhuhn

Ein etwas ungewöhnliches Gericht verbirgt sich unter einem dieser Namen oder auch manchmal unter einem dritten. Das heißt, am merkwürdigsten bleibt die Tatsache, daß man sich hier offenbar nicht auf einen Namen einigen konnte. Jeder Koch, den ich fragte, in jedem Restaurant, in dem ich etwas Entsprechendes aß, verstand etwas anderes. Irgendwo ist etwas schiefgelaufen, bei irgendeiner Übersetzung, beim Auswählen des Kochs, und wenn ich kontrolliere, was in anderen Kochbüchern steht, dann wird das Durcheinander noch erfrischender.

Überhaupt habe ich nur zweimal eine Ähnlichkeit zwischen zwei dieser Gerichte entdecken können. Aber der Küchenmeister dieses Samthuhnrezeptes war der Entscheidung zwischen Samt- und Satinhuhn insofern ausgewichen, als er es nun Fu-Yung-Huhn nannte. Das hört sich gut an, bedeutet aber letzten Endes nichts anderes, als daß es zur Gruppe der Omeletts gehört, was ja auch korrekt ist.

Da ich ohnehin drei Rezepte hintereinander aufschreiben will, habe ich gedacht, daß ich diese drei, in alphabetischer Folge, Fu-Yung, Samthuhn und Satinhuhn nennen werde. Also:

Fu-Yung-Huhn

I. 1 schönes Stückchen Hühnerbrust, sehr fein gehackt;
   1 Teel. Wein;
   1 Eßl. Stärkemehl;
   Salz.

II. 6 Eiweiß.

III. 2 Eßl. Hühnerfett;
   1 kleines Stückchen Bambus;
   8 bis 10 Zuckererbsen (wenn es so was nicht gibt, muß man es eben weglassen);
   1 Tasse Hühnerbrühe.

IV. 1 Eßl. Stärkemehl;
   Salz, Glutamat.

Sollten Sie die Hühnerbrüste tatsächlich nicht durch den Fleischwolf gedreht haben, sondern mit der Hand klein gehackt, dann haben Sie hoffentlich beim Hacken gleich etwa 3 Eßl. Wasser in das Fleisch gemischt. Für die anderen muß die gleiche Menge Wasser tropfenweise mit dem Fleisch vermengt und gut durchgerührt werden.
Erst wenn das Wasser richtig aufgesogen worden ist, können Wein, Stärkemehl und Salz zugegeben werden.

Alles gut miteinander vermischen.

Die Eiweiß steifschlagen und langsam und vorsichtig mit der Fleisch-farce verrühren.

Ausreichend Öl – etwa 10 Eßl. – (hier ist es besonders wichtig, ge-schmackloses Öl zu verwenden) in die Pfanne geben und gleich danach unsere Mischung.

Die Pfanne darf nur kurz auf dem Feuer sein.

Dann müssen wir sie herunternehmen und sofort alles, was darin ist, heftig rühren, damit das Öl aufgesogen wird.

Erst dann kann die Pfanne wieder auf den Herd.

Unsere Mixtur darf gebacken werden, aber nicht braun werden.

Auf einer anderen Feuerstelle sollte möglichst gleichzeitig oder doch gleich danach im Hühnerfett – sollten Sie keines haben, zur Not Öl – Bambus und Erbsen kurz angebraten werden.

Dann die Hühnerbrühe drüber.

Zum Schluß Abteilung IV (Stärkemehl natürlich in wenig Wasser auf-gelöst).

Diese Sauce kommt, wenn sie dick geworden ist, über die Hühner-Eier-kuchen.

Vielleicht hört sich dieses Rezept auch für Leute nicht verlockend an, die sich für gewöhnlich zu den Begabten rechnen und schon nach der Lek-türe eines Rezeptes ein sicheres Gefühl haben, ob ein Gericht schmek-ken wird oder nicht. Hier werden sie sich, vielleicht zum erstenmal in ihrem Leben, täuschen.

Samthuhn

I. 3 Hühnerbrüste (etwa), geschnetzelt, aber so klein, wie es nur ir-gend möglich ist;
1 Teel. Sojasauce;
1 Teel. Stärkemehl;
2 Eßl. Öl;
Salz, Pfeffer.

II. 1 Dose Champignons ($^1/_4$ bis $^1/_3$ Dose);
$^1/_4$ Tasse Saft aus der Dose;
2 Teel. Stärkemehl;
Salz.

III. 1 Scheibe Ingwer;
1 Knoblauchzehe (kein Zwang).

Hühnerschnitzel mit Rest aus I vermischen.

Saft aus der Champignondose mit Stärkemehl und Salz verrühren, erhitzen.

Ingwer klein hacken und mit der Knoblauchzehe in der Pfanne erhitzen, dann das Hühnerfleisch dazugeben.

Nach einer Minute spätestens die Pfanne vom Feuer, die Pilze zugeben.

Wieder aufs Feuer, aber auch jetzt darf es nicht allzu lange bleiben.

Wenn das Gericht weiß ist, ist es auch schon gut.

Satinhuhn

I. 1 Huhn (zunächst nur Hühnerbrüste, und zwar $^1/_4$ bis $^1/_2$ Pfund. Der Rest ist für die Hühnerbrühe gedacht, die Sie dieses Mal bitte nicht durch Wasser ersetzen).

II. 2 Eiweiß;
1 Teel. Stärkemehl;
Salz.

III. 8 Eiweiß.

IV. 10 Eßl. Öl.

V. Hühnerbrühe (siehe I.)

Die Brüste des Huhns werden entweder mit einem Mörser zerstoßen oder, was viel einfacher ist, in einem Elektromixer zermanscht. Das klingt ein bißchen barbarisch, aber am Geschmack ändert es nicht allzuviel. Wer will, kann ja den Mörser benutzen und er hat auch den Vorteil, daß er so die Sehnen besser entfernen kann als im Mixer.

Wieder wird etwas Wasser in den Brei getröpfelt und vorsichtig, aber gründlich eingerührt.

Das zerstoßene Fleisch mit dem nicht geschlagenen Eiweiß, Stärkemehl und Salz vermengen (II).

In diese Farce wieder eine halbe Tasse Wasser einrühren, ohne daß der Teig seine Festigkeit verliert.

Hier ist nun wirklich der Elektromixer nützlich.

Als nächstes müssen die 8 Eiweiß, diesmal aber steifgeschlagen, mit der Masse vermischt werden.

Das Öl in die Pfanne, bevor es heiß wird, jedoch unsere Farce auch in die Pfanne.

Ganz schnell wieder vom Feuer nehmen.

Abseits das Öl in die Farce rühren, ruhig kräftig zuhauen, wenn es anders nicht geht.

Vorsichtshalber können wir den Brei in ein feines Sieb schütten, damit Öl, das nicht aufgesogen worden ist, abtropfen kann.

In die Pfanne kommt eine Tasse kräftige Hühnerbrühe und etwas Öl, wenn alles aufkocht, entleeren wir unser Sieb in die Pfanne.
Alles noch einmal kurz aufkochen und dann servieren.

Huhn mit Porree

I. Das weiße Fleisch eines kleinen Hühnchens, in Scheiben geschnitten.

II. $^1/_2$ Pfund möglichst junger Porree, geteilt;
   Salz.

III. 3 Eßl. Sojasauce;
   1 Eßl. Wein;
   2 bis 3 Scheiben Ingwer;
   Salz.

Porree wird kurz angebraten, eine Minute etwa, zum Schluß etwas Salz drüber, dann beiseite stellen.
Das Huhn zwei Minuten solo braten, dann III zugeben.
Kleine Pause, dann Porree zugeben, und nach einer Minute ist das Gericht fertig.
Wichtig ist, daß immer bei großer Hitze gebraten wird.

Gedämpftes Huhn mit Wassermaronen

I. 1 Huhn, in kleine Stücke geteilt, aber einschließlich der Knochen.

II. 2 Scheiben Ingwer;
   1 kleine Stange Porree, geteilt.

III. 6 Eßl. Sojasauce;
   2 Eßl. Wein;
   Salz.

IV. 1 Dose Wassermaronen;
   1 Eßl. Zucker.

In einer großen Pfanne, zu der Sie einen Deckel haben, sonst in einem Topf, werden Ingwer und Porree angebraten.
Die Hühnerstücke dazugeben.
Wenn das Fleisch braun wird, III zugeben, evtl. noch etwas Wasser.
Dann Pfanne oder Topf zudecken, Flamme auf ganz klein.
Eine Dreiviertelstunde alles sanft vor sich hinziehen lassen.
Dann IV in den Topf.
Nach einer weiteren Viertelstunde ist alles fertig.

Huhn in Wassermelone

I. 1 Hühnchen;
   2 Eßl. Wein;
   Salz.

II. 1 nicht allzu große Wassermelone, aber sie muß so groß sein, daß
    das Huhn hineinpaßt.

Nehmen Sie gleich einen Topf, der so groß ist, daß die Melone hinein-
paßt.
Das Huhn auf kleiner Flamme mit etwas Wasser, Wein und Salz eine
halbe Stunde lang vorkochen.
Huhn herausnehmen, Brühe aufbewahren.
Melone köpfen, sauber, denn der Kopf wird noch gebraucht.
Mit einem Löffel so viel Fleisch aus der Melone, daß das Huhn gerade
hineinpaßt.
Wenn es drin ist, die Brühe dazugießen, den Deckel der Melone wieder
draufsetzen und nun das Ganze in möglichst wenig Wasser dämpfen.
Das kann eineinhalb Stunden dauern.
Die Melone wird dann vermutlich gelb sein.
Dann haben wir aber auch eine fabelhafte Melone, die nach Huhn
schmeckt und ein Huhn, das nach Melone schmeckt.
Gegessen wird beides gemeinsam.
Serviert wird das Gericht im ganzen.

Gebratenes Huhn mit Brauner Sauce

I. ³/₄ Pfund Hühnerfleisch, ziemlich klein gewürfelt;
   1 Teel. Wein;
   1 Teel. Stärkemehl;
   Salz.

II. 3 große Pilze, klein gewürfelt;
    ¹/₂ bis 1 Tasse Bambus gewürfelt;
    2 Chilipfefferschoten (seien Sie vorsichtig, vielleicht reicht eine).

III. 3 Eßl. Braune Sauce (Chian-Sauce). Wenn Sie keine kriegen, kön-
     nen Sie etwas Ähnliches selbst herstellen. Ganz stimmt sie nicht,
     aber es ist das beste, was Sie machen können, wenn die fertige Sauce
     nicht zu kaufen ist.

Fleisch mit Wein, Stärkemehl und Salz vermischen, fritieren, aber nur
etwa 2 Minuten.
In einer Pfanne Abteilung II braten. (Die Pilze waren natürlich vorher

41

eingeweicht, die Stiele entfernt. Wenn Sie es nicht getan haben, haben Sie selbst schuld. Vorn im Buch steht es. Aber Sie müssen ja alles besser wissen und in der Mitte des Buches zu lesen anfangen.)
Etwas später die Braune Sauce zugeben.
Ganz zum Schluß das vorgebratene Fleisch.
Umrühren, servieren.

Braune Sauce

I. 1 Zwiebel, gehackt;
$^1/_4$ Tasse Staudensellerie, gehackt;
1 Möhre, gehackt;
1 Knoblauchzehe, gehackt.

II. 3 Eßl. Stärkemehl;
$^1/_2$ Tasse Fleischbrühe.

III. 2 Eßl. Wein;
1 Lorbeerblatt;
$2^1/_2$ Tassen Fleischbrühe.

I wird kurze Zeit in Öl gedünstet, etwa so lange, bis die Zwiebel braun wird;
Fleischbrühe, mit Stärkemehl verrührt, wird dazugeschüttet.
Dann die Abteilung III.
Nachdem alles aufgekocht ist, eine halbe Stunde bei kleiner Flamme ziehenlassen.
Manchmal rühren. Danach passieren.

Hühnerleber süß-sauer

Allein wegen des Titels ist die Leber in den Vordergrund gerückt, er wäre sonst so lang. Aber wir brauchen ebenso Herz und Magen.

I. $^1/_2$ Pfund Hühner-Leber, -Herz, -Magen.

II. $^1/_2$ kleine Gurke;
1 größere oder 2 kleinere Stangen Staudensellerie;
1 Möhre.

III. $^1/_2$ Tasse Essig;
2 Eßl. Zucker.

IV. 1 Eßl. Sojasauce;
1 Eßl. Stärkemehl;
1 Eßl. Zucker.

V. 2 Scheiben Ingwer;
   1 Zehe Knoblauch;
   Salz, Pfeffer.

Natürlich werden Leber, Herz und Magen zunächst gewaschen. Dann werden die Herzen tief eingeschnitten. Das heißt, wir schneiden sie so auf, daß sie sich öffnen, aber nicht trennen. Etwas Ähnliches geschieht mit den Mägen. Von liebevollen Köchen werden sie so geschnitten, daß sie sich wie Blumen öffnen.
Die Leber braucht nur geteilt zu werden, wenn sie ungewöhnlich groß sein sollte.
Das Fleisch wird dann in eine Schüssel gelegt, kochendes Wasser drüber. Etwa 20 Minuten drin lassen.
Die Gurke wird der Länge nach halbiert, Kerne werden entfernt.
Das feste Fleisch wird diagonal in Scheiben geschnitten.
Ebenso geschnitten werden Sellerie und Möhre.
Das Gemüse mit Salz einreiben und zehn Minuten stehenlassen.
Dann Essig und Zucker über das Gemüse gießen und mindestens 20 Minuten ziehenlassen.
Das Gemüse über ein Sieb gießen, die Sauce in einer Schüssel aufbewahren. In diese abgegossene Sauce wird noch Abteilung IV gegeben.
In etwas Öl werden Knoblauch und Ingwer einen Moment angebraten, dann Leber, Herz und Magen dazu. Etwas Salz und Pfeffer drüber.
Alles umrühren und einen Deckel auf die Pfanne, drei bis fünf Minuten schmoren lassen.
Danach wird unsere Sauce in die Pfanne geschüttet, verrührt.
Wenn sie dick ist, kommt das Gemüse hinzu.
Noch ein paar Minuten in der Pfanne lassen, dann ist das Gericht fertig.

Da ich erfahren habe, daß man den meisten Frauen nur sehr mühsam die Unterschiede der verschiedenen Zubereitungsarten so erklären kann, daß sie sie auch behalten (und die Kochergebnisse gar nicht einmal so sehr drunter leiden), habe ich mich auch auf ganz wenige Bezeichnungen beschränkt, die fachlich manchmal unkorrekt sein mögen.
Obwohl «kochen» dann also manchmal nur garziehen bedeuten kann, dann wieder dünsten oder auch schmoren, kann ich mir kaum vorstellen, daß bessere Bezeichnungen der normalen Hausfrau die Arbeit erleichtern würden.
Selbst Fachköche können sich ja nicht immer auf deutsche Bezeichnungen beschränken, sondern müssen oft auf französische etwa ausweichen. Was für ein Wort sollte man sich zum Beispiel ausdenken, das dem Pochieren entspricht, also etwas kochen, das nicht kochen darf. Und gerade das kommt in der chinesischen Küche häufig vor.
Wir müssen uns also damit abfinden, daß wir als Dilettanten nicht bei

jeder Vorschrift genau wissen, wie und warum sie eigentlich entstanden
ist und was sie tatsächlich bewirkt. Erleichtert wird uns diese Resigna-
tion mit dem Bewußtsein, daß es viele Berufsköche auch nicht wissen,
sonst würde man nicht so oft miserables Essen vorgesetzt bekommen.

Hühnerbeine und Hühnerflügel 1

Da ich grundsätzlich dabei bleiben möchte, die Gerichte nicht mit besonderen Titeln zu versehen, auch wenn, wie in diesem Fall, die Bezeichnung «Kaiserin-Huhn» weiter verbreitet ist, als der Name manch anderer Gerichte, will ich den Namen erwähnen. Schließlich ist es ungewöhnlich, daß sich gerade die Kaiserin für Hühnerteile interessiert haben soll, die üblicherweise eher zum Abfall eines Huhns gehören.

I. 6 bis 10 Hühnerbeine und Hühnerflügel.

II. 1 kleines Stückchen Bambus in schmale Scheiben geschnitten;
1 Stange Porree, geteilt;
4 Scheiben Ingwer.

III. 2 Eßl. Wein;
8 Eßl. Sojasauce.

IV. Hühnerbrühe.

V. 1 Eßl. Zucker.

VI. 3 Eßl. gepahlte Erbsen;
Glutamat.

Für dieses Gericht empfiehlt sich ein Topf, auch wenn wir zu Beginn alles
ein bißchen anbraten müssen.
Porree und Ingwer kurz anbraten, dann Huhn und Bambus zugeben,
weiter braten.
Ist das Huhn bräunlich geworden, Wein und Soja zuschütten und gleich
danach so viel Brühe, daß alles, was im Topf ist, bedeckt ist.
20 Minuten alles schon auf kleiner Flamme kochen lassen.
Dann kommt der Zucker hinein, die Flamme noch kleiner und noch einmal eine Stunde lang alles ziehenlassen.
Ganz zum Schluß die Erbsen dazu und Glutamat.

Hühnerflügel und Hühnerbeine 2

Wem das alles zu umständlich ist, der kann ein ähnliches Resultat auf
ganz einfache Weise erzielen. Er benötigt die gleichen Zutaten, aber
außerdem empfiehlt es sich, noch 4 Pilze dazuzunehmen. Wir lassen alles zusammen im Topf ziehen, bis es gar ist.

Huhn in Gelee

I. 1 Hühnchen;
  1 Eßl. Sojasauce;
  1 Eßl. Wein;
  1 Stange Porree oder Zwiebeln;
  Ingwerpulver, Salz.

II. Brühe vom Huhn;
  Anis, Pfefferkörner (schwarze);
  evtl. ein paar grüne Erbsen.

Das Huhn wird in einem Topf mit möglichst wenig Wasser bedeckt.
Soja, Wein etc. kommen hinzu.
Es wird eine Stunde lang gekocht, dann einfach im Topf liegengelassen,
und zwar ein paar Stunden.
Das kalte, feste Huhn wird nun zerlegt.
Beine und Flügel werden abgetrennt, vom Rest brauchen wir zunächst
nur das Fleisch.
Das Fleisch wird in Stücke geschnitten und in eine Schüssel gelegt.
Die Knochen kochen wir noch einmal mit Flügeln, Beinen, Pfeffer und
Anis in der Brühe des Huhns durch.
Diese Brühe wird dann über das Fleisch gegossen. Die Schüssel kommt
in den Kühlschrank.
Wer will, kann jetzt noch ein paar Erbsen in die Schüssel kippen.
Am nächsten Tage sollte die Brühe geliert sein. Ist das nicht geglückt,
müssen wir die Brühe noch einmal erwärmen und mit Gelantinepulver
nachhelfen.
Das Gelee – oder die Sülze, der Aspik, wie immer Sie wollen – wird in
Scheiben serviert.

Bettlerhuhn

Vor etwas mehr als hundert Jahren entstand dieses Gericht. Damals soll
sich an einem klirrend kalten Wintertag ein Bettler ein Huhn geklaut
haben. Da es ihm nicht möglich war, das Huhn in einer der hier vorher
beschriebenen Arten zuzubereiten, tötete er es mit einem Stein, schmier-
te es dick mit Lehm ein und schob den Lehmkloß ins Feuer. Als der Dreck
ausgetrocknet war, brach er den Brocken auseinander, riß mit den Hän-
den das Huhn entzwei und aß es.
Sie brauchen nun, um dem Rezept zu folgen, nicht unbedingt heimlich
aufs Land zu fahren und dort ein Huhn stehlen. Sie können sich eins
kaufen, aber eben eines mit Federn.
Wenn Sie aber schon beim Einkaufen sind, dann bringen Sie sich gleich
Folgendes mit, falls Sie es nicht zu Hause haben:

4 Eßl. Sojasauce;
1/4 Pfund Schalotten;
2 Eßl. Wein.

Die Schalotten werden klein geschnitten, mit Wein und Sojasauce ver-
mischt und das Ganze kommt in das Huhn.
Das Huhn mit einem Bindfaden umwickeln, mit Lehm in einer dicken
Schicht umkleistern.
Auf dem Balkon ein Feuer anmachen und das Huhn drei Stunden in der
Glut liegenlassen.
Dann können Sie sich wieder an die Methoden des Bettlers halten. Frei-
lich würde ich Ihnen empfehlen, den Lehm mit einem Hammer zu zer-
klopfen.

Die Ente

Selbst jetzt noch, beim Schreiben, bin ich im Zweifel – vorher habe ich
bereits darüber nachgedacht –, ob es sinnvoll ist, anständige Entenre-
zepte aufzunehmen.
Ich fürchte nämlich, daß sie für unsere Ansprüche an die Bequemlichkeit
alle ein bißchen zu kompliziert sind. Außerdem ist die Ente hierzulande
ohnehin nicht halb so beliebt, wie sie es eigentlich verdienen würde.
Die Komplikationen beginnen bereits damit, daß die meisten Rezepte
Ente ohne Knochen vorsehen. Ich werde deshalb am besten damit beginnen, das Entbeinen der Ente zu beschreiben. Sie können dann selbst
entscheiden, ob Sie oder nicht ...

Wie die Knochen einer Ente entfernt werden

Man nehme also eine Ente, eine fette. Die Chinesen nehmen stets fette
Enten (oder getrocknete). Die Flügel und Beine werden abgehauen. Mit
einem scharfen Messer oder einem ebenso scharfen Hackebeilchen wird
die Haut entlang der Wirbelsäule eingeschnitten. Dicht am Knochen ar-
beitend wird das bißchen Fleisch vom Knochen entfernt, vorsichtig tei-
lend, weder Fleisch noch Haut sollen, abgesehen von dem einen Schnitt,
verletzt werden. Wenn das Schenkelbein erreicht ist, heben Sie es bißchen
an und arbeiten sich langsam um den Knochen herum, um ihn vom
Fleisch zu lösen.
Um die Schenkel vom Fleisch zu lösen, genügt ein gefühlvoller, aber
doch deftiger Schlag mit der Breitseite des Hackmessers. Bei der Schul-
ter sollte man nicht schlagen, sondern vorsichtig mit der Messerspitze
Gelenk und Knochen voneinander trennen.
Bei der fleischigen Partie der Ente wird das Fleisch halb durch Ziehen,
halb durch Schneiden vom Knochen gelöst. Wenn der Knochen sauber

vom Fleisch getrennt ist, ziehen Sie den knochigen Hals durch die Haut, so weit es irgend geht, und dann hauen Sie ihn durch. Die Schwanzknochen werden herausgezerrt und abgehackt, aber nicht der Schwanz. Die Fettsäcke werden ebenfalls herausgenommen. Dann wird die Ente gewaschen und aufgehängt. Sie muß sehr gut trocknen.

Das hört sich vermutlich etwas schwierig an. Aber einfacher kann ich es nicht beschreiben. Immerhin ist es noch einfacher zu beschreiben, als zu verwirklichen.

Ente nach Art des Hauses

Die Ente wird entbeint, gewaschen und am Halse aufgehängt, bis sie trocken ist.

Dann wird die Ente ausgestreckt, der halb entbeinte Hals wird so herumgelegt, daß die Spitze des Halses zum Schwanz zeigt. Dann wird die Ente gefüllt, und zwar mit:

2 große Zwiebeln, goldbraun gebraten;
1 Stückchen Ingwer, zerdrückt;
1 Knoblauchzehe, zerdrückt;
1/2 Tasse Pilze, in Scheiben geschnitten;
2 Teel. Zucker;
3 Teel. Sojasauce;
2 Teel. Salz;
1 Eßl. Wein;
Pfeffer.

Die Ente wird zugenäht.

Eine Tasse kochendes Wasser wird in die Schüssel gegeben, in der wir die Füllung angerührt haben; der Saft soll als Sauce verwendet werden.

Die Ente wird mit Soja eingerieben und mit der nicht genähten Seite nach unten in einen Topf gelegt, bis sie, jedenfalls auf der einen Seite, goldbraun ist.

Dann drehen wir sie um, gießen unsere Sauce drüber und auch so viel kochendes Wasser, daß die Ente fast bedeckt ist.

Topf zudecken und langsam ziehenlassen. Das wird schon vier Stunden dauern.

Wenn die Ente fertig ist, wird sie, mit Spinat eingerahmt, serviert.

Drei Gerichte aus einer Ente

Sollte es Ihnen gelingen, eine Ente zu erwischen, die noch komplett ist, das heißt, ihren Kopf noch am Körper hat, dann können Sie aus dieser Ente folgende Gerichte herstellen.

I. 1 zarte, fette Ente, komplett mit Hals und Kopf.

II. 1 Eßl. Sojasauce;
   2 Eßl. Wein;
   1 Teel. Zucker;
   1 Knoblauchzehe;
   Salz, Glutamat.

III. 1 Teelöffel Honig, in einer Tasse kochenden Wassers aufgelöst.

Aus II wird eine Sauce gemischt, in die Ente gegossen und außerdem innen gründlich eingerieben. Die Öffnungen der Ente werden sehr fest und dicht zugenäht.

Dann ergreifen wir die Ente am Hals, oberhalb der Öffnung, aus der Gurgel und Schlund entfernt wurden und pusten dort hinein, und zwar so, daß sich die Haut vom Fleisch löst.

Sie muß so rund werden, daß sie beinahe wie ein Luftballon frei schwebt. (Ich puste übrigens schon lange nicht mehr selbst, sondern lasse pusten. Irgend jemand hat mir seinerzeit einen dieser damals auf den Markt geworfenen Korkenzieher geschenkt, die mit Preßluft arbeiten. Damit ist die Ente auch aufzupusten.)

Die Ente muß am Hals zugeschnürt werden, damit die Luft nicht wieder entweicht. Dann wird der aufgelöste Honig über die Ente gegossen. Auch hier haben die Küchenmeister wieder ihren Aberglauben: Die Ente soll mit der Flüssigkeit achtmal begossen werden.

Auf einem Rost im Ofen wird die Ente nun braun und gar gebraten. Während der Zeit hin und wieder mit dem Bratensaft einpinseln. Wenn sie fertig ist, wird die Ente irgendwohin gelegt, wo sie trocknen und abkühlen kann.

Erst wenn die Ente kalt ist, wird sie geöffnet. Der in der Ente befindliche Saft wird in die Schüssel gegossen, in der sich bereits der Bratensaft befindet.

Die Ente wird dann der Länge nach in zwei Hälften getrennt.

Die Keulen in den Gelenken abtrennen, die Flügel an den Schultern.

Das Brustfleisch sorgsam abziehen. Wir brauchen es für Ananas-Ente.

Hals, Kopf, Knochen, die unteren Flügel und Beine brauchen wir für Congee (siehe unter Rezepte – nicht unter Hunde).

Das Fleisch von Keulen, Flügel und Rücken wird schräg in Scheiben geschnitten und mit der erhitzten Sauce übergossen und schon mal serviert.

Ananas-Ente

Brust- und vielleicht noch ein bißchen Keulenfleisch der gerösteten Ente.

I. 1 kleine oder ½ große Zwiebel;
   1 kleines Stückchen Ingwer;
   Salz.

II. 3 Eßl. Essig;
    2 Teel. Zucker.

III. ¼ Tasse weiße Sesamsamen.

IV. 1 Eßl. Essig;
    1 Eßl. englischer Senf;
    ½ Teel. Zucker.

V. ½ frische Ananas, groß gewürfelt.

Ingwer und Zwiebel werden in kleine Stücke geschnitten und mit etwas Salz bestreut, etwa zwanzig Minuten lang liegenlassen.
Danach Abt. II zugeben und eine weitere halbe Stunde liegenlassen.
Auf kleiner Flamme die Sesamsamen rösten, ständig rühren dabei.
Wenn die Dinger in die Luft springen, ist das Feuer zu stark. Wenn sie gelb werden, sind sie fertig und müssen auf ein Brett gestreut werden, wo sie erkalten sollen und dann mit einer Nudelrolle zermalmt.
Der Senf wird mit Essig und Zucker angerührt und an einen warmen Platz gestellt.

Das Fleisch der Ente wird in Scheiben von etwa ½ cm Dicke geschnitten, auch schräg natürlich.
Unsere Senfmischung wird mit dem Sesam vermischt, etwas Salz drüber und erhitzen.
Das Gemüse und den Saft der Ente zugeben, ganz zuletzt die halbe Ananas. Wenn Sie damit fertig sind, alles schön heiß ist, brauchen Sie's nur noch über das Entenfleisch zu gießen.

Enten-Congee

I. Ein paar Muscheln, evtl., wenn Sie kriegen, getrocknete chinesische, die ziemlich anders sind als unsere Miesmuscheln.
   1 Stück getrocknete Apfelsinenschale.

II. 2 Eßlöffel Öl;
    1½ Tassen wilder Reis. (Wenn Sie keinen wilden kriegen, lassen Sie ihn sich aus China oder Amerika schicken oder nehmen Sie den Reis, den Sie kriegen können.)

III. Die letzten Reste unserer Ente;
    1 Scheibe Ingwer.

IV. 6 kleine Zwiebeln, klein gehackt.
    Viel Petersilie.

Etwa drei Liter Wasser werden mit den Muscheln und der Apfelsinenschale aufgesetzt.
Wenn das Wasser kocht, Öl und Reis zugeben, nach einer halben Stunde den kleingeschnittenen Ingwer und die Ententeile.
Zugedeckt eineinhalb bis zwei Stunden auf kleinem Feuer sieden lassen.
Kurz vorm Servieren die Zwiebeln und die Petersilie drüberschütten.

Ente, kroß gebraten

  I. 1 Ente;
    2 Eßl. Wein.

  II. Salz, Zucker, Cayennepfeffer (mehr Salz als Zucker).

III. 1 Stange Porree (oder Zwiebeln);
    6 Scheiben Ingwer;
    Anis.

IV. 1 Ei;
    1 Eßl. Mehl.

    Dipping (Sauce zum Einstippen, Tunken etc.)

Die Ente mit Wein besprenkeln.
Eine Weile links (von mir aus, wenn auch widerwillig, rechts) liegenlassen.
Dann mit der Mischung von II einreiben.
In eine Schüssel legen und mit III etwa eineinhalb Stunden lang dämpfen.
Sie soll dann gar sein, was ich hoffe, auf alle Fälle ganz kurz davor.
Die Ente kalt werden lassen.
Das Ei leicht schlagen und mit dem Mehl vermischen.
Die Ente mit diesem Brei einreiben.
Die Ente fritieren, bis sie braun ist und eben auch kroß.
(Enten haben gewöhnlich die Angewohnheit, leichter braun als kroß zu werden. Nicht in diesem Falle.)
Die Ente in Scheiben schneiden und mit einer Sauce servieren, die Ihrem Geschmack und Ihrer Phantasie überlassen bleibt.
Sie können fertige Saucen nehmen, mit fertigen Saucen Gewürze oder

andere Saucen vermischen. Von mir aus können Sie Austernsauce mit Bohnenpaste vermischen oder Tomatenketchup mit Salz und Pfeffer. Vieles geht – wenn auch nicht alles.

Peking-Ente

Die Peking-Ente gehört zu den festlichsten Gerichten der chinesischen Küche. Sie gilt bei den Chinesen für so repräsentativ, daß sich europäische Kaufleute, allen voran die aus der Bundesrepublik, während meines letzten Aufenthaltes in Peking bei mir beschwerten, daß sie jeden Tag Peking-Ente essen müßten. Schlimmeres soll ihnen nicht zustoßen.

Ich ziehe die Peking-Ente jedem anderen Gericht vor, auch den extravaganten chinesischen Leckereien, die als Super-Delikatessen gelten und über die ich noch gesondert im Kapitel «So ißt die Rote Garde» berichten werde.

Für die Chinesen gehört die «Tschaio-Ja-Tse» eben mit zum Besten, was sie zu bieten haben.

Ich halte nichts davon, Eßgenüsse zu beschreiben. Dazu langt das Handwerk nicht. Selbst den Verfassern der Bibel ist es nicht gelungen. Sonst wäre Esau ja nicht als Trottel in die biblische Geschichte eingegangen, der wegen eines Tellers voll Linsen seine Erstgeburt vertat (1. Mose 25, 29–34). Vielleicht war aber er der wirkliche Genießer und Jakob der Dumme. Es ist auch Homer nicht geglückt, den Spießbraten so zu beschreiben, daß dem Leser das Wasser im Munde zusammenläuft.

Die Peking-Ente wird jedenfalls sorgsam gezüchtet. Sie darf nicht älter werden als drei Monate. Aber in dieser Zeit hat sie bereits die Größe einer abendländischen Gans erreicht. Am wichtigsten ist die Haut. Alles andere ist besserer Abfall. Die Ente wird nicht gebraten, gekocht oder sonstwie mißhandelt, sondern in einem Schornstein ein bis zwei Meter über offenes Feuer in den Rauch gehängt, in genau berechneter Temperatur. Nach ein paar Stunden kann sie gegessen werden.

Wie es heißt, haben die Engländer Ende des vorigen Jahrhunderts ein paar dieser Enten zur Zucht mitgenommen, nach Hause. Was aus ihnen geworden ist, weiß niemand genau. Selbstverständlich haben auch die Japaner versucht, diese Ente zu imitieren. Es ist nicht gelungen.

Nach dem chinesischen Freundschaftsvertrag 49/50 mit der Sowjetunion wurde sie auch dort gezüchtet, allerdings ebenfalls ohne Erfolg.

Viele hiesige Chinarestaurateure haben sie auf der Speisekarte. Aber sie bereiten sie nicht richtig zu. Das ist freilich nicht so schlimm, weil sie ja auch nicht die richtige Ente haben.

Und weil sie hier nicht zu haben ist und sie doch nicht auch nur einigermaßen so zubereitet werden kann wie in Peking, habe ich ebenfalls auf das Rezept verzichtet. Sie tun gut daran, erst bei Ihrem nächsten Besuch in Peking davon zu essen.

Fische

Abgesehen davon, daß der Fisch, insbesondere der Karpfen als Symbol für Energie und Reichtum, für Überfluß und Kraft, dem chinesischen Aberglauben unentbehrlich ist, ist er auch für die chinesische Küche von Bedeutung. Bereits einige hundert Jahre vor dem Bau der ersten Pyramide hat ein gewisser Fook Hey den Chinesen beigebracht, wie man Netze herstellt und damit auf feine Art Fische fängt. Das Rad war ein paar Wochen vorher erfunden worden. Welche Erfindung wichtiger war, kann ich hier nicht entscheiden.

Wie weit sich freilich damals die Kenntnis des Fischefangens nach Europa herumgesprochen hat, habe ich nicht herausfinden können, unsere Vorfahren konnten sich damals wohl blau anmalen und auf Bäume klettern, aber es blieb ihnen wenig Zeit, über ihren technischen Zustand Notizen für später zu machen. Ein wichtiges Fundament für die Entwicklung Europas war der Fischfang auch später nicht. Hier hatte man viel bessere Gedanken – man tötete die Kriegsgefangenen nicht mehr, sondern ließ sie arbeiten. Auch das war ein Fortschritt. So begann der Aufstieg der europäischen Wirtschaft, die in der EWG ihren momentanen Gipfel erreicht hat.

Das war eben bei den Chinesen anders. Doch lenken solche Gedanken nur ab; wir wollen uns aufs Kochen konzentrieren. Bei der chinesischen Art, Fisch zu kochen, ist alles darauf angelegt, den manchen Leuten unerwünschten Geruch zu vermeiden. Das geschieht mit Wein, Ingwer, Essig und Zwiebeln. Unserem Fischfond also nicht allzu unähnlich.

Nur die Fische sind anders, leider. Viele, die im asiatischen Osten leben, gibt es bei uns nicht. Immerhin lassen sich oft welche finden, die ähnlich sind.

Für Fische mit weißem Fleisch zum Beispiel:

Gedämpfter Weißfisch

I. Fisch von zwei bis drei Pfund, in Scheiben geschnitten;
   6 Scheiben Ingwer;
   1 Zwiebel;
   2 Eßl. Öl;
   1 Eßl. Sojasauce.

II. 1 Eßlöffel Sojasauce;
   1 Eßl. Essig;
   1 Scheibe Ingwer, gehackt.

Der Fisch kommt mit den anderen Dingen aus seiner Abteilung in eine
Schüssel, in der er auch gedämpft werden kann.
Der Topf, in dem wir nun dämpfen, muß gut verschlossen werden kön-
nen.
Dann ist der Fisch in einer Viertelstunde gar.
Aus Abt. II mischen wir eine Sauce, in die wir den Fisch hineinstippen.

Gebratener Weißfisch

I. 1 Fisch, wie vorher, also mit weißem Fleisch und auch zwei bis drei
   Pfund schwer, in Scheiben geschnitten.

II. 2 Eßl. Wein;
   1 Zwiebel, gehackt;
   6 Scheiben Ingwer, gehackt.

III. 1 Tasse Hühnerbrühe;
   4 Eßl. Sojasauce;
   Salz.

Der Fisch wird in etwas Öl angebraten, nicht länger als fünf Minuten.
Dann Abt. II in die Pfanne, zum Fisch.
Die Pfanne zudecken, zwei Minuten ziehenlassen, auf kleiner Flamme.
Abt. III in die Pfanne, zudecken und eine Viertelstunde alles zusammen
ziehenlassen.

Gedämpfter Butt

I. 1 Pfund Heil-Steinbutt o. ä., in Scheiben geschnitten;
   Salz.

II. 4 bis 6 Pilze, in Scheiben geschnitten;
   2 Zwiebeln, in Scheiben geschnitten;
   1 Eßl. Sojasauce;
   2 Scheiben Ingwer.

III. 1/4 Pfund gekochter Schinken;
   2 Eßl. Essig;
   1 Eßl. Öl.

   Salz, Pfeffer.

Fischscheiben mit Salz einreiben, mit der weißen Seite nach oben in eine Schüssel, in der sie gedämpft werden können.

II vermischen und auf die Fische kippen.

Den Fisch in der Schüssel in einen Topf.

Den Topf zudecken und fünf Minuten dämpfen lassen.

Dann Abt. III zugeben und weitere zehn Minuten dämpfen lassen.

Vorm Servieren noch Salz und Pfeffer drüber.

Es gibt viele chinesische Gelehrte, die der Ansicht sind, wir Menschen würden weniger Schuld auf uns laden, wenn wir Fische essen, als wenn wir andere Tiere vertilgen.

«Wassertiere sind nämlich schwer auszurotten», heißt es, «sie vermehren sich leicht. Säugetiere und Eier legende Tiere, bei denen gebiert ein Weibchen, wenn es wenig sind, ein paar Junge, und wenn es viele sind, höchstens einige zehn. Aber bei den Fischen sind es Tausende und Zehntausende, die alle von einem Fisch stammen. Und gäbe es nun keine Menschen, die sie auslesen würden, so würden all die Tausende und Zehntausende leben und sich vermehren, so zahlreich wie der Sand des Ganges-Flusses, und diese würden sich immer und immer weiter vermehren, bis man ihre Zahl mit nichts mehr vergleichen könnte; sie würden alle Flüsse verstopfen und zu Land machen, und keine Boote könnten mehr fahren. So nimmt der Fischer, der Fische und Krabben fängt, genau wie der Holzsucher, der Gras und Holz sammelt, nur das, was weggenommen werden muß und darf.»

Mit Fleisch gefüllter Fisch

I. 1 Fisch, etwa Karpfen, er muß jedenfalls festes Fleisch haben, von rund 1¹/₂ bis 2 Pfund.

II. ¹/₄ Pfund Rind- oder Schweinefleisch (oder beides gemischt), klein gehackt;
2 bis 3 Zwiebeln, klein gehackt;
3 Scheiben Ingwer, klein gehackt;
1 Eßl. Sojasauce;
1 Teel. Stärkemehl;
2 Eßl. Wasser.

III. 4 Eßl. Sojasauce;
1 Eßl. Zucker;
1 Tasse Wasser.

Der Fisch wird gesäubert, am Rücken kreuzweis eingeschnitten.

II gut vermischen.

Damit den Fisch füllen und zunähen.

In etwas mehr Öl als sonst den Fisch braten, bis er auf beiden Seiten schön braun ist.

Dann Abt. III, gut vermischt, über den Fisch gießen.

Einen Deckel auf die Pfanne und alles eine Viertelstunde ziehenlassen.

Gebratener Fisch mit Pilzen

I. 1 Pfund Fisch, in Scheiben geschnitten (dünn);
   1 Eßl. Stärkemehl, in Wasser aufgelöst.

II. 4 Pilze, in Scheiben geschnitten;
   1 Stück Bambus, in Scheiben geschnitten;
   2 Zwiebeln, in Scheiben geschnitten.

   2 Eßl. Sojasauce
   Salz

Der Fisch wird in die dünne Stärkemehlpaste getaucht.

II wird drei Minuten scharf gebraten und beiseite gestellt.

Der Fisch wird gebraten.

II wird dazugegeben und das Wasser, in dem die Pilze geweicht worden sind.

Etwas später Sojasauce und Salz, nach einer Minute ist der Fisch fertig.

Gebratene Makrelen

I. Makrelen oder andere kleinere Fische, wie Heringe;
   Salz.

II. 1 Ei;
   2 Eßl. Mehl;
   Wasser, Salz.

Falls das der Fischhändler nicht schon besorgt hat, werden die Fische ausgenommen und gereinigt.

Mit Salz einreiben und beiseite legen.

Aus II einen Brei rühren, die Fische dort eintauchen und dann fritieren, bis sie braun und knusprig sind.

Sie können mit Salz und Pfeffer serviert werden oder mit einer süßsauren Sauce.

Allerdings können Sie ihn, wenn Sie ihn süßsauer wollen, auch nach dem folgenden, etwas verfeinertem Rezept zubereiten und dann an Stelle von Karpfen eben Makrele nehmen.

Fisch süß-sauer

I. 1 ganzer Fisch, am besten Karpfen von vielleicht 1½ Pfund.

II. 2 Eßl. Wein;
2 Eßl. Stärkemehl;
3 Eßl. Mehl.

III. 1 kleines Stückchen Bambus, in Scheiben geschnitten;
2 Pilze, in Scheiben geschnitten;
1 kleines Stückchen Möhre, in Scheiben geschnitten;
1 Handvoll grüner, gepahlter Erbsen;
3 Scheiben Ingwer;
1 Knoblauchzehe.

IV. 5 Eßl. Zucker;
3 Eßl. Essig;
2 Eßl. Soja;
1 Schuß Tomatenketchup (hauptsächlich wegen der Farbe);
Salz.

V. 1 Eßl. Stärkemehl, in Wasser aufgelöst.

Der Fisch wird gereinigt; Schuppen, Flossen und dergleichen werden entfernt.
An beiden Seiten den Fisch tief einschneiden.
Den Fisch mit der Mischung aus II einreiben, innen und außen.
In tiefem Fett braten, bis er goldbraun und knusprig ist.
Während der Fisch brät, die Gemüse aus III anbraten.
Die Saucenmischung IV zum Gemüse geben.
Wenn sie kocht, Stärkemehl in die Sauce schütten.
Wenn sie dick ist, ist alles fertig, hoffentlich auch der Fisch. Die Sauce kann über den Fisch gegossen, aber auch gesondert serviert werden.

Der Fisch kann übrigens bereits Stunden vorher gebraten werden. Wenn seine Zeit gekommen ist, braucht er nur noch kurz im tiefen Fett erhitzt zu werden.
Sollten Sie irgendein Gemüse nicht zur Hand haben, können sie es auch weglassen oder durch ein anderes ersetzen. Sie brauchen sich ja, ich wiederhole das, überhaupt selten sklavisch an das zu halten, was ich hier aufschreibe. An den meisten Rezepten läßt sich vieles ändern.

Scheibenfisch süß-sauer

I. 1 Pfund Fisch (Karpfen ist gut, muß nicht sein).

II. 4 Eßl. Stärkemehl;
2 Eßl. Wein;
1 Teel. Ingwersaft (wenn weder zu kaufen noch herzustellen, dann etwas pulverisierten Ingwer);
2 Eßl. Sojasauce.

III. Ein paar grüne Erbsen;
1 Möhre, kleingehackt;
oder kleingeschnittene Mixed pickles;
oder was Sie immer an Gemüse mögen oder wollen oder zur Hand haben.

IV. 5 Eßl. Essig;
4 Eßl. Sojasauce;
5 Eßl. Zucker;
Salz, Sesam.

V. 1 Eßl. Stärkemehl, in Wasser aufgelöst.

Der Fisch wird von Schuppen, Flossen und dergleichen befreit.
Den Fisch der Länge nach, vom Rückgrat aus, halbieren.
Die Gräte entfernen.
Die Hälften wiederum in nicht allzu kleine Stücke schneiden.
Die einzelnen Stücke wiederum einschneiden, aber nicht durchschneiden.
II vermengen und den Fisch in diese Schüssel legen.
Den Fisch liegenlassen.
Die süßsaure Sauce vorbereiten.
Das Gemüse anbraten, so in die Pfanne geben, daß es zur gleichen Zeit gar wird.
IV vermischen und drüberschütten.
Den Fisch braten, bis er goldbraun und knusprig ist.
In die Sauce kommt das Stärkemehl. Wenn die Sauce dick ist, ist die Sauce fertig und hoffentlich auch der Fisch. Wenn nicht, klappt es vielleicht beim nächstenmal.

Vielleicht hat inzwischen jeder gemerkt, worauf es den Chinesen beim Fisch ankommt. Vor allem wird er nicht in soviel Wasser gekocht wie bei uns. Nach Ansicht der Chinesen schadet das dem Fisch, es macht ihn fade. Wenn schon Wasser, dann wenig. Das Wasser soll den Fisch «gerade begleiten». Beim Braten des Fisches kann ich natürlich keine genaue Zeit angeben, weil ich nicht sehen kann, wie groß Ihr Fisch ist. Aber es ist wichtig, die genaue Zeit herauszuknobeln.

Brät man sie zu kurz, geht das Fleisch nicht von den Gräten, und er ist innen weder roh noch zart. Daß die Japaner Fisch weder kochen noch braten, sondern ihn gleich so roh essen, wie er aus dem Teich kommt, soll keine Entschuldigung sein. Schließlich frühstücken wir auch keine saure Bohnensuppe. Aber die Japaner.

Braten wir den Fisch zu lange, ist das Fleisch nach chinesischer Ansicht tot, es schmeckt nicht mehr.

Wenn es heißt, chinesischer Fisch soll nach Möglichkeit nicht in allzuviel Wasser gekocht werden, dann soll damit nicht grundsätzlich jede Flüssigkeit vom Fisch ferngehalten werden. In anderer Flüssigkeit gekocht schmeckt der Fisch hervorragend. Dazu eignet sich ganz besonders Hühnerbrühe und auch Wein.

Da aber eine These bei uns erst glaubhaft wird, wenn auch die Ausnahme erwähnt wird, wollen wir gleich das Extrem nehmen. Nach diesem Rezept wird der Fisch nicht nur einmal gekocht, sondern gleich zehnmal. Und so heißt er auch:

Zehnmal aufgekochter Fisch

I. 1 Fisch. (Die Chinesen empfehlen für dieses Gericht Stör. Da er bei uns selten gefangen wird, was nicht allein wegen dieses Gerichtes bedauerlich ist, sondern viel eher, weil sonst vielleicht der Kaviar billiger wäre, sollten auch Sie sich mit einem anderen Fisch begnügen. Ich bin sogar davon ausgegangen, daß Sie anderen Fisch verwenden, sonst hätte ich nicht keß hingeschrieben: 1 Fisch. Ein Stör von vielleicht 100 kg wäre für einen Vierpersonenhaushalt etwas zu gewaltig, auch wenn Gäste kommen.)

II. Hühnerbrühe;
   1/2 Tasse Wein;
   2 Eßl. Öl;
   1 Zwiebel, in Scheiben geschnitten;
   1 Knoblauchzehe;
   1 Teel. Ingwersaft;
   Pfeffer.

Der Fisch wird, nachdem er gesäubert ist, zehnmal in Wasser aufgekocht. Das heißt, er wird ins Wasser gelegt, wenn das Wasser kocht. Er wird sofort wieder herausgenommen, wenn er sich an die Hitze gewöhnt hat. Wenn das Wasser wieder sprudelt, kommt der Fisch wieder hinein, wieder heraus, bis er eben zehnmal aufgekocht worden ist oder zehnmal in kochendes Wasser gelegt wurde.

Dann kann das Wasser weg.

Der Fisch wird jetzt in große Würfel geschnitten, die Gräten aber nicht wegwerfen. Sie kommen in die Kalte Hühnerbrühe und werden mit ihr erhitzt. -

Der Wein und das Öl kommen in die Brühe, wenn sie heiß ist, auch der Fisch und die restlichen Zutaten.

Fisch mit Kruste

I. 1 Karpfen.

II. 2 Eiweiß, steif geschlagen;
   Stärkemehl.

Der Fisch wird in größere Würfel geschnitten.
Die Würfel werden in das Eiweiß getunkt, dann in Stärkemehl gewälzt. Sie werden noch einmal in Eiweiß getunkt und wieder in Stärkemehl gewälzt. Sie sollen eine möglichst dicke Schicht erhalten.
Dann wird der Fisch in heißem Fett kurz gebraten, er kann auch fritiert werden.
Der Fisch wird mit einer beliebigen Sauce serviert.

Knuspriger Fisch

I. 1 Karpfen.

II. 3 Eier, leicht geschlagen;
   1 Eßl. Stärkemehl;
   Salz.

III. 2 Eßl. Wein;
   2 Eßl. Zwiebel, klein gehackt;
   Ingwer, Salz.

Der Fisch wird gewürfelt, in die Masse aus II getaucht.
Der Fisch kommt in die Pfanne, und zum Rest des Eierteiges rühren wir III und gießen die Masse, der wir, wenn sie zu fest ist, ruhig etwas Wasser zugeben können, ebenfalls in die Pfanne, aber so, daß sie gleichzeitig mit dem Fisch fertig ist, also nicht zu früh.

Fisch mit Blumenkohl

Merkwürdigerweise gilt Fisch mit Gemüse bei uns noch immer als eine etwas perverse Zusammenstellung. Wohl hat man mit Seezungen bereits etwas herumprobiert, vielleicht nach einem Italienbesuch mit Spinat und Käsesauce, aber die üblichen Gemüse mit Fisch zu servieren, bleibt einigen Spezialrestaurants vorbehalten, die dann auch ganz ausgezeichnet sind. Dafür liegen sie auch nicht in den großen Küstenstädten, wie etwa Hamburg oder Bremen, sondern in deren Vororten an der See, wie Cuxhaven und Bremerhaven.

Allerdings möchte ich gleich darauf verweisen, daß der Blumenkohl nicht so zerkocht werden darf, wie man es sich hierzulande angewöhnt hat, wo ein Kohl ja erst Kohl ist, wenn er sich in seine Zellen aufgelöst hat und beim Ausatmen auseinanderfällt.

I. 2 Pfund Fisch, in Scheiben geschnitten.

II. 1 kleiner Blumenkohl, in Scheiben geschnitten (jawohl);
4 Schalotten, in Scheiben geschnitten;
4 bis 6 Pilze, in Scheiben geschnitten.

III. 2 Eßl. Sojasauce;
Glutamat, Salz.

Das Gemüse wird in einer Pfanne angebraten. Dann kommen Soja, Salz und Glutamat drüber.

Ist alles schön heiß, die Fischscheiben in die Pfanne.

Wenn es nötig erscheint, kann ein bißchen Wasser zugegeben werden, aber wirklich nur dann, wenn es nötig erscheint.

Statt Blumenkohl können Sie nach diesem Rezept auch andere Gemüse ausprobieren.

Fisch mit Bohnenquark

I. 1 Pfund Fischfilet, in Happen gewürfelt.

II. 2 Eßl. Sojasauce;
1 Eßl. Wein;
2 Zwiebeln, in Ringe geschnitten;
3 Scheiben Ingwer.

III. 1 Dose Bohnenkäse (in Würfeln, die so groß sind, wie die des Fisches);
2 Eßl. Wein;
1 Eßl. Zucker;
Salz, Glutamat, Cayennepfeffer.

Der Fisch wird in der Pfanne gebraten; die Wein-Sojamischung zugeben und alles etwa 10 Minuten auf nicht zu starker Flamme braten.

Erst dann die restlichen Zutaten in die Pfanne.

Sollten Sie statt des Cayennepfeffers eine getrocknete Chili-Schote in die Pfanne geben, zerdrückt natürlich, dann würde ich empfehlen, sich schnell die Hände zu waschen.

Andere Wassertiere

Der Verfasser eines Buches zum Kochen, einer Anleitung also, einen zeitlich ziemlich genau zu begrenzenden Abschnitt menschlicher Tätigkeiten möglichst vollkommen genießen zu lassen, ist viel leichter Versuchungen ausgesetzt, als einer, der lediglich einen Roman schreibt oder eine Untersuchung über die Bedeutung der Absetzung des Herzogs Tassilo III. von Bayern.

Der Verfasser eines Kochbuches arbeitet folgenreicher und trägt eben eine größere Verantwortung. Obendrein muß er Entscheidungen treffen, weil Kompromisse zwischen der einen und der anderen Haltung unmöglich sind.

In diesem besonderen Falle mußte sich der Verfasser die Frage vorlegen: Wie soll der feine Mann Langusten essen?

Der Sinologe Wolfram Eberhard hatte zu Beginn unseres letzten Krieges das Vergnügen, in der Zeitschrift für Chinakunde und Chinaforschung «Sinica» Übersetzungen des Künstlers Yüan-Me zu veröffentlichen, eines Meisters der Novelle, der sich aber, wie viele Dichter, sehr um die Kunst des Essens und Kochens verdient gemacht hat.

Dieser Yüan-Me nun (dessen Text besonders bei den Umschreibungen chinesischer Wörter im Vergleich zu hier korrekt ist, soweit so was korrekt sein kann) spricht die Ansicht vieler Experten aus, wenn er sagt: «Die Langusten schmecken am schönsten von allem, aber die Leute, die sie essen, zerstören mutwillig ihren Geschmack; sie machen Brühe aus ihnen. Ja, das ist ganz schön, aber wo ist das schöne Fleisch der Langusten? Sie machen Gehacktes aus ihnen; ja, das ist fett und weich, aber wo ist der wirkliche Geschmack der Langusten geblieben? Am schlimmsten aber finde ich es, wenn man sie in zwei Teile zerlegt und in Salz, Fett und Bohnenmehl taucht und brät. Dann sind Farbe, Duft und der richtige Geschmack der Langusten sämtlich verloren. Es ist, als beneide man die Langusten um ihren vielen Geschmack, als nähme man ihnen ihr schönes Aussehen übel, als versuche man auf jede Weise, ihnen den Duft und die Form zu nehmen.

Die schönsten Dinge der Welt wirken am besten einzeln. Die Langusten sind frisch, fett, sie sind süß, ölig; sie sind weiß wie Jade, gelb wie Gold; schon in Farbe, Duft und Geschmack sind sie das Höchste, und nichts anderes kann noch über ihnen stehen. Wenn man sie mit andrem vermischt, ist es, als wollte man die Sonne durch einen Kienspan heller machen, als wollte man mit einer Handvoll Wasser den Gelben Fluß vergrößern.

Wer richtig Langusten zu essen versteht, läßt sie ganz so, wie sie sind, siedet sie gar, legt sie auf eine Eisschale und serviert sie. Man nimmt eine und ißt eine; man bricht eine Schere und ißt eine Schere; dann geht nicht ein bißchen von dem Duft und dem Geschmack aus dem Körper der Languste heraus, sondern man bekommt alles sofort in den Mund hinein.»
Nicht nur wegen der Leidenschaft des Vortrages klingt diese Theorie überzeugend, sondern auch, weil jedermann zustimmen wird, wenn es heißt, eine Languste sei aus sich heraus bereits ein kaum zu übertreffender Genuß.

Gleichwohl braucht man nicht besonders spitzfindig zu sein, um bereits anmerken zu können, daß der Umstand des Kochens ja bereits den Geschmack einer Languste verändert. Warum soll also eine gekochte Languste besser sein als eine gebratene? Und weiter: Warum soll nicht das eine oder andere Gewürz den Langustengeschmack besonders hervorkehren? Das kann doch möglich sein?

Das soll jedoch nicht zu Ende diskutiert werden, weil ich noch einen Einwand habe, der aber die menschliche Natur betrifft. Yüan-Me konnte sich selten Langusten, frisch gefangen, leisten. So blieben sie ihm sein Leben lang eine Delikatesse. Was aber soll man von jenen Leuten verlangen, die aus wirtschaftlichen oder geographischen Gründen Langusten evtl. täglich essen können oder müssen. Was sollen jene Genießer sagen, bei denen Langusten so alltäglich sind wie bei uns Heringe? Sollen auch sie nicht experimentieren dürfen? Die Languste kann so schön sein, wie sie will, so gut schmecken, wie man es sich gar nicht vorstellen kann: jeden Tag gegessen, auf die gleiche Weise zubereitet, wird sie einem zum Hals heraushängen. Ein vernünftiger Konditor stopft seinem Lehrling am Anfang so viel Kuchen in den Mund, wie nur hineingeht. Das ist ein alter Hut.

Es wäre absurd, wegen der Dickköpfigkeit eines alten Chinesen, der obendrein tot ist (und mir nichts mehr tun kann), die Langusten nicht so zu essen, wie es einem paßt. Vielleicht schmecken sie gerade wieder gut, in Wasser gekocht, auf einer Eisschale serviert, wenn man sie mal mit einer Fleischsauce gegessen hat.

Die chinesische Küche ist voll mit Gerichten für Langusten und mit Langusten. Allerdings ist es sehr wichtig zu wissen, was nun eigentlich Langusten sind. In China versteht man auf keinen Fall unter Langusten, was wir – manchmal auf dem Umweg über andere Sprachen – darunter verstehen. Aber auch die Krabben sind anders, und die Hummer.
Unsere Krabben sind viel kleiner als die chinesischen, dafür sind die Langusten etwas größer und die Hummer anders. Aber das sind nur grobe Unterscheidungen.
Die Zoologen unterteilen die Schaltiere, die sich in unseren Gewässern finden lassen, wohl in zahllose Familien, aber nicht die Fischer. Nicht die

Händler. Letzten Endes ist diese Kenntnis demnach nur von akademischem Interesse.

Die deutschen Krabbenfischer bringen nur eine Sorte an Land, Langusten gibt es selten roh, sondern meistens vorgekocht, und Hummer – naja. Populär ist bei uns eben die Dreiteilung: Krabbe, Hummer, Languste. Daran ändert sich auch nichts, wenn in manchen Gegenden die Krabbe Garnele, Granat oder Krevette genannt wird.

So könnten auch wir uns mit dieser Dreiteilung begnügen, wenn sich nicht in den letzten Jahren eine ganz scheußliche Veränderung auf dem Markt der Schaltiere ergeben hätte. Es werden neuerdings eben nicht nur Starfighter, Whisky und Bananen importiert, sondern immer mehr Hummer, Langusten und Krabben – jedenfalls das, was früher stets so genannt wurde, es aber selten wirklich war.

Mit den für uns neuen Tieren, ob sie nun tiefgekühlt, in Dosen oder in Schalen eintreffen, haben sich die Importeure, Großhändler, ja, selbst die Inhaber von Fischläden Namen einfallen lassen, die die Verwirrung erhöhen. Statt bei dieser Gelegenheit ein bißchen Ordnung in den Laden zu bringen, haben sie neue Unordnung geschaffen.

Waren sie bei den ersten Importen noch zurückhaltend und nannten das, was sie kriegten, nicht einfach Langusten, sondern Langostinos, überschlug sich ihre Phantasie mit jeder neuen Lieferung.

Natürlich hätten sie die importierten Tiere schlicht Shrimps nennen können, weil das, wie so vieles Angelsächsische, nicht nur auf der ganzen Welt verständlich ist, sondern obendrein großzügig die unterschiedlichsten Arten umfaßt. Aber das verstößt offenbar gegen einen mir unbekannten Kodex der Fischhändler.

Natürlich nennen sie auch eine Sorte Shrimps, das sind dann aber in den meisten Fällen Scampis. Folgerichtig nennen sie dann chinesische Shrimps Riesenscampi aus China. So haben sie bestimmte Tiere zu Hummerkrabben ernannt, andere oder die gleichen zu Kaiser-Granat. Sie haben sich das Wort Luxus-Krabben ausgeknobelt, nennen ordinäre Krabben plötzlich Camerones und Langusten Crevetten. Krebse werden zu Königs-Krabben aus den Kurilen befördert. Überhaupt importieren sie aus Grönland, Chile und Kanton. Was aber wohin gehört, woher kommt, weiß am Ende auch der Fachmann sicherlich nicht mehr.

Wer, wie ich, sich nicht mit der stolzen Feststellung begnügen kann, daß früher eben alles viel einfacher geordnet und eingeteilt war als heute und eben überhaupt, wer jetzt mit mir die Trümmer der alten Ordnung betrachtet, der muß sich gesagt sein lassen, daß:

Alle Rezepte für Hummer auch für Langusten anzuwenden sind.
Alle Rezepte für Langusten auch für Hummer.
Alle Rezepte für Krabben auch für Hummer und Langusten.
Alle Rezepte für Hummer auch für Krabben.

Deshalb werde ich nach Möglichkeit weder Hummer, Langusten oder Krabben fordern, sondern Shrimps.
Und wenn da dann Shrimps steht, können Sie nehmen:

Hummerkrabben, Kaisergranat, Edel-, Luxus- und Super-Crevetten, Riesenscampis und Miniaturscampis, Camerones aus Grönland, Krebse aus Chile, Königskrabben, Fürstenlangusten, Präsidenten-Garnelen. Es ist auch ganz egal, ob sich die Bezeichnung «edel» bei den Edelkrebsschwänzen nun auf die Krebse oder auf die Schwänze bezieht. Mir ist es jedenfalls egal. Ich kann diesen Mist nicht mehr hören.

Shrimps mit grünen Erbsen

I. ¹/₂ Pfund Shrimps. (Über das, was ich unter Shrimps verstanden wissen will, habe ich mich wohl ausführlich genug geäußert. Hinzufügen will ich hier nur noch, daß ich rohe, tiefgefrorene meine, weil sie wohl am häufigsten in unseren Geschäften ausliegen – ohne Schale. Sollten Sie sie anders kriegen, passen Sie die Rezepte an.)
   1 Eiweiß, nicht geschlagen;
   2 Teel. Stärkemehl;
   1 Teel. Wein.

II. 1 Eßl. Wein;
   4 Eßl. grüne Erbsen (aus der Dose);
   Zucker.

Die Shrimps werden in der Mischung aus dem Rest von I gut durchgerührt und eine Weile liegengelassen.
In nicht zu wenig Öl die Shrimps braten, bis sie sich krümmen und braun färben.
Dann Wein, Zucker und Erbsen zufügen.
Durchrühren.

Gebratene Shrimps in Scheiben

I. 1¹/₂ Pfund Shrimps in Scheiben geschnitten.

II. 1 Eßl. Wein;
   Prise Stärkemehl;
   Salz.

III. ¹/₄ Pfund Bambus (etwa), in Scheiben geschnitten;
   ¹/₄ Pfund Gurke, in Scheiben geschnitten;
   oder
   Zuckererbsen und Möhren in gleicher Menge;

oder
Pilze in entsprechender Menge.

IV. Salz, Zucker, Glutamat.

Wein, Salz und zum Schluß Stärkemehl (II) über die Shrimps streuen.
Ziehenlassen.
Shrimps anbraten, beiseite stellen.
Das Gemüse aus III anbraten.
Kurz bevor es fertig ist, Shrimps zugeben.
Salz, Zucker, Glutamat (IV) darüberstreuen.

Langusten in scharfer Sauce

I. 1 Pfund Langusten;
   1 Eßl. Stärkemehl.

II. 2 Chilis;
   2 Scheiben Ingwer;
   1 Knoblauchzehe, zerdrückt.

III. 1 Eßl. Sojasauce;
   1 Eßl. Wein;
   2 Eßl. Zucker;
   Salz, Glutamat.

Die Schale von den Langusten entfernen, ebenfalls die schwarzen Fäden
am Fleisch.
Die Langusten in Stücke schneiden, je nach Größe der Tiere.
In Stärkemehl umrühren.
Fritieren, bis sie braun sind, beiseite stellen.
III vermengen.
II anbraten.
III drüberschütten, wenn die Sauce kocht, was ja fast sofort der Fall
sein wird, die gebratenen Langusten in die Pfanne.
Durchrühren, einen Moment noch ziehenlassen.

Shrimp-Toast

I. 1 Pfund Shrimps, gehackt;
   1 Teel. Wein;
   1 Eiweiß;
   1 Teel. Stärkemehl;
   1 Teel. pulv. Ingwer;
   Salz, Glutamat.

II. 8 Scheiben Toastbrot, geviertelt.

III. 2 Eßl. gekochter Schinken;
    2 Teel. Petersilie.

I gut vermischen.
Auf die Brotstücke einen kleinen Hügel mit der Mischung formen.
In der Friteuse braten, aber die Brotstücke vorsichtig, zunächst mit der
Farce nach unten in den Fritierkorb legen, dann umdrehen.
Bevor die Brote wieder weitergebraten werden, die Mischung III auf die
Brote streuen.

Hummer in Fleischsauce

I. 2 Hummer.

II. 1/4 Pfund Schweinefleisch, fein gehackt;
    2 Eier, geschlagen;
    2 kleine Zwiebeln, fein gehackt;
    1 Teel. Ingwer, gehackt;
    1 Eßl. Wein;
    1 Eßl. Sojasauce;
    1 Eßl. Stärkemehl, aufgelöst in Wasser.

Der lebende Hummer wird gekocht, aber nicht länger als acht bis zehn
Minuten.
Dann wird er wie üblich halbiert. Aber weiter geteilt, und zwar in Stük-
ke von etwa 4 cm Länge. Die Scheren werden bei den Gelenken geteilt,
wobei man die kürzeren Schenkel ruhig zusammenlassen kann. Allerdings müssen die Scheren oben auseinander, also einmal durchgehauen
werden.
In ausreichend Öl werden nun die Hummerteile gebraten, etwa sieben
Minuten, ständig rühren.
Dann kommt die gut gemischte Sauce aus II über den Hummer, und alles zusammen wird noch einmal 3 Minuten lang gebraten.

Shrimps mit Bambus

I. 1 Pfund Shrimps;
    2 Eßl. Wein.

II. 1 Tasse Bambus, in Scheiben geschnitten.

III. 1 Eßl. Sojasauce
    Salz, Pfeffer – Zucker.

Chinesisch kochen . . .

... vor dem Essen einen italienischen Aperitif nippen, zum Essen japa-nischen Sake trinken, hinterher schottischen Whisky, dann indischen Tee aufbrühen oder kolumbianischen Kaffee kochen, von den schwedi-schen Eßzimmerstühlen auf die Lounge-Chairs überwechseln, amerika-nischen Tabak rauchen, Balkanmusik hören – in unseren vier Wänden sind wir schon rechte Weltbürger, Stubenkosmopoliten.
Aber die Internationalität hat ihre Grenze: Bezahlen müssen wir das Ganze immer noch mit deutschem Geld, sauer verdientem oder sauer erspartem.

Die Shrimps werden, nachdem sie aufgetaut sind, getrocknet.
Dann eine Weile in Wein mariniert.
In heißem Öl werden die Shrimps zunächst etwa zwei Minuten lang allein gebraten, dann Bambus dazu.
Alles gemeinsam drei Minuten. Während der drei Minuten III zugeben, ganz zum Schluß, kurz vorm Servieren, den Zucker.

Langusten mit Schale gebraten

I. 1 Pfund Langusten.

II. 1 Eßl. Sojasauce;
    1 Eßl. Zwiebeln, gehackt;
    1 Eßl. Essig;
    Ingwer, Salz, Pfeffer, Zucker.

Die Langusten müssen sorgfältig gereinigt werden. Die äußeren Enden der Schwänze und die Beine werden mit der Schere abgeschnitten.
Dann in ausreichend Öl zunächst fünf Minuten braten. Herausnehmen.
Öl neu erhitzen, bis es raucht, dann wieder braten, bis sie braun und knusprig sind, kurz davor allerdings die Mischung aus II in die Pfanne.

Shrimps in Tomatenketchup-Sauce

I. 1 Pfund Shrimps;
   1 Teel. Wein;
   2 Teel. Stärkemehl.

II. 5 Eßl. Zwiebeln, gehackt;
    2 Eßl. Ingwer, gehackt.

III. (Sauce)
     4 Eßl. Tomatenketchup;
     1 Eßl. Stärkemehl, in reichlich Wasser aufgelöst;
     Salz, Zucker.

Die Shrimps in Wein und Stärke umrühren.
Fritieren, aber nur ganz kurz. Abtropfen lassen.
In etwas Öl Zwiebeln und Ingwer anbraten, die Shrimps zugeben.
Die Sauce, gut vermischt, zuschütten und wenn sie dick ist, servieren.

Krebsfleisch Fu-Yung

I. 1 Dose Krebsfleisch (Crab-Meat), geöffnet.

II. 1 Eßl. Wein;
    Ingwer.

III. 4 Eiweiß, steifgeschlagen;
   2 Eßl. Stärkemehl;
   Salz.

IV. 1 Tasse Milch.

 V. 1 Eßl. Petersilie.

Krebsfleisch aus der Dose nehmen, Schalen usw. entfernen, mit Wein
und Ingwer vermischen.
Das steifgeschlagene Eiweiß mit Stärkemehl und Salz verrühren.
Das Krebsfleisch und Milch dazugeben.
Alles in die heiße Pfanne mit ausreichend Öl.
Wenn die Masse fest ist, mit gehackter Petersilie bestreuen und servie-
ren.

Eigentlich nur um anzudeuten, daß es außer diesen Tieren noch andere
Arten eßbarer Meerestiere gibt, ein Rezept für Muscheln. Wie schon
irgendwo erwähnt, sind chinesische Muscheln ganz anders als unsere
und werden bislang auch nicht importiert. Aber dieses Gericht geht auch
mit unseren Miesmuscheln.

Muscheln mit grünen Bohnen

 I. 3 Pfund Muscheln;
   Mehl;
   Weißwein;
   Salz;
   Pfeffer.

 II. 1 Tasse Hühnerbrühe;
   2 Tomaten, klein geschnitten.

III. 1/2 Pfund grüne Bohnen, fünf Minuten mindestens vorgekocht.

IV. 2 Eßl. Soja;
   1 Eßl. Stärkemehl, in Wasser aufgelöst.

Die Muscheln werden in Wein gekocht, bis sie sich öffnen. Wenn sie
kalt genug geworden sind, die Muscheln aus der Schale nehmen.
Die Muscheln in Mehl wälzen und anbraten.
Sowie sie sich braun färben, Hühnerbrühe und Tomaten dazugeben.
Gleich danach die Bohnen.
Alles zusammen drei bis fünf Minuten sanft kochen lassen.
Zum Schluß IV zur Vollendung der Sauce zugeben.
Wenn sie dick ist, servieren.

Die sogenannten Delikatessen

Mit keiner Art des Kochens kann man so bluffen wie mit der chinesischen. Wer seinen Freunden ein fertiges chinesisches Menü auf den Tisch stellt, wird für einen kulinarischen Tausendsassa gehalten. Einfach deshalb, weil das Ergebnis so raffiniert ist und sich niemand vorstellen kann, wie einfach es herzustellen war.

Ich wiederhole das hier noch einmal, weil ich ja nie sicher sein kann, wo Sie mit der Lektüre beginnen. Wenn Sie gerade hier anfangen, haben wir beide Glück gehabt.

Ich kann auch wiederholen, daß selbst dem besten Koch an einem Tage nicht mehr als vier, höchstens fünf gute Gerichte gelingen können. Alle Geschichten von den unendlichen Speisefolgen bei den Chinesen sind Prahlerei, sie sind vermutlich nur entstanden, weil die meisten Besucher des Landes zu so vielen Essen eingeladen worden waren. Das waren dann aber auch festliche Galadiners. Da die Chinesen normalerweise nicht wissen, was außerhalb ihrer Grenzen wirklich geschieht – die politischen Bewegungen und Entscheidungen der letzten Jahre beruhen nicht zuletzt auf einer falschen Einschätzung der nichtchinesischen Welt –, verlassen sich auch die Chinesen mit abendländischen Kontakten auf das Bild, das sie sich schon immer von uns gemacht haben. So fordern jene chinesischen Kochbuchverfasser, die ihre Bücher für uns schreiben, ebenfalls diese langen Speisezettel.

Sind die Chinesen freilich unter sich, sieht die Sache ganz anders aus. Der vorher zitierte Yüan-Me bezeichnet solche Essen mit vielen Gängen als «Augenessen.»

«Klafterlange Speisekarten und unzählige Schalen und Gänge: Das sind Augenessen und keine Mundgerichte. Diese Leute denken gar nicht daran, daß ein berühmter Kalligraph, der zuviel schreibt, seinen Duktus verschlechtert, daß ein guter Dichter, der zu viele Gedichte schreibt, schlecht wird.»

Yüan-Me empfiehlt die Einfachheit, er ist ein Schlichtheitsapostel. Allerdings kann ich mir vorstellen, daß Yüan-Me sich gegen eine andere Art von übersteigertem Raffinement gewehrt hat, als wir sie uns vorstellen können. Schließlich lebte er im 18. Jahrhundert, und zu der Zeit soll es bei den feinen Leuten in China zugegangen sein, daß Gäste vom Hofe Ludwigs XIV. sich bei einem Besuch als Neandertaler vorgekommen wären.

Der Ruf nach Einfachheit ist also besser durch einen Filter zu hören. Nur gegen eine Albernheit möchte ich mich mit Yüan-Me solidarisieren:

Wenn die Chinesisch-Esser glauben, eine Mahlzeit habe nur dann einen Sinn, wenn sanfte, weiße Schwalbennester auf den Tisch kommen, Haifischflossensuppe oder Wachteleier, dann kämpfe ich Seite an Seite mit Yüan-Me.

Vor ein paar Tagen erst berichtete mir ein Mensch, den ich leider schon lange kenne und der ganz sicher ist, vom guten Leben etwas zu verstehen, daß er am Wochenende seinen Feinstkosthändler gebeten hätte, ihm einmal etwas ganz Besonderes zu verkaufen, eine wirkliche Delikatesse. Daraufhin hat ihm der Mann Trüffel aufgeschwätzt. «Ich habe sie mir aufs Brot geschmiert», empörte sich nun mein Bekannter, als wäre es meine Schuld, «elf Mark die Dose, und was soll ich dir sagen, sie schmeckten nach nichts.»

So ist das auch mit den chinesischen Delikatessen.

Wenn es nach Yüan-Me ginge, dann sollten die jungen Bambus-Schößlinge nur in klarem Wasser gekocht werden, aus. Hier wird nun der Leser im letzten Drittel des 20. Jahrhunderts, zumal der deutsche Leser, gewarnt werden müssen. Bei uns wird ganz sicher viel zuviel in Wasser gekocht. Bei uns ist das Entgegengesetzte zu fordern.

- Mir ist es wirklich wurscht. Aber Sie tun sich keinen Gefallen, wenn Sie dieses Buch wie einen der üblichen Romane behandeln, hier mal ein paar Seiten lesen und dann vielleicht noch den Schluß. Sie können besser kochen, wenn Sie zunächst die ersten Seiten dieses Buches lesen.

Fleisch

Manche Rezepte, die Yüan-Me preist, haben auch andere Tücken als das Kochen in Wasser, selbst wenn sie in Wasser gekocht werden. Als Beispiel sein Rezept für:

Weißes Scheibenfleisch

«Man tue ein selbstgezogenes Schwein nach dem Schlachten in den Kessel und koche es fast ganz gar ...» (Hier dürften die Schwierigkeiten beginnen, von denen ich gesprochen habe. Wer weiß schon, wann so ein selbstgezogenes Schwein fast ganz gar ist.)

«Sodann siede man es in der Brühe eine Stunde und nehme dann vom Schweinekörper die losen Teile in dünnen Scheiben ab und bringe sie auf den Tisch. Sie sollten nicht kalt, aber auch nicht heiß sein, sondern gerade warm. Das ist ein Spezialgericht der Nordchinesen. Die Südleute machen es nach, aber sie können es lange nicht so schön. Man kann auch nicht kleine Mengen und trockenes Marktfleisch dazu nehmen.

Zum Zerschneiden braucht man ein kleines, scharfes Messer, und besonders schön ist es, fettes und mageres Fleisch kreuz und quer und vermischt zu zerschneiden. Es ist gerade umgekehrt wie in dem Ausspruch des Konfuzius: ‹Der Heilige aß nur Fleisch, das richtig abgeschnitten war.› Die Bezeichnungen für ganze Schweine sind sehr zahlreich. Das schönste ist das Schamanentanzfleisch der Mandschu.»

Dieser gleiche Yüan-Me behauptet nun an anderer Stelle, daß Fleischessen gemein sei. «Nicht gemein an sich», so sagt er wörtlich, «aber doch niedrig, weil es dumm macht. Fleischesser sind nicht klug, weil sich das Fleisch in Fett umsetzt und die Brust zudeckt, als wolle es das Herz verstopfen und ihm keine Öffnungen mehr lassen. Das ist nicht meine Einbildung, sondern läßt sich beweisen. Alle Tiere, die von Pflanzen leben, sind gerissen und klug. Der Tiger dagegen, der nur Menschen frißt, und andere Tiere nur dann, wenn er keine Menschen bekommt, dieses Tier, das also ganz von Fleisch lebt, ist das dümmste aller Tiere. Woher ich das weiß? Das läßt sich aus den Büchern ersehen. So frißt der Tiger keine kleinen Kinder. Nicht, daß er sie nicht fressen mag, sondern nur, weil Kinder in ihrer Naivität keine Furcht vor ihm haben, und er darum meint, sie seien Helden, und ihnen aus dem Wege geht.

Kein Tiger frißt Betrunkene. Nicht, weil er sie nicht fressen mag, sondern weil die Betrunkenen in ihrer Trunkenheit mit den Augen rollen, er sie deswegen für gefährliche Feinde hält und ihnen aus dem Wege geht. Ferner geht der Tiger nie krumme Wege. Wer einen Tiger trifft, und ihn auf einen krummen Weg leiten kann, der kommt dadurch frei. Er geht nicht etwa aus moralischen Gründen keine krummen Wege, sondern weil er einen steifen Hals hat und sich nicht umsehen kann.»

Fleisch ist in der Regel, das muß eigentlich schon vorher erwähnt worden sein, Schweinefleisch. Wohl essen die Chinesen hin und wieder Rindfleisch, aber das geschieht nur selten, und wenn über Fleisch geredet wird, meint man eben Schweinefleisch. Für den möglichen Asien-Touristen seien noch die mohammedanischen Restaurants erwähnt, in denen es fast ausschließlich Hammelfleisch gibt, vor allem den berühmten Mongolischen Hammeltopf, dessen Idee, vielfach verändert, in alle möglichen Länder exportiert worden ist, wieder nach China zurückgeschickt und aufs neue abgegeben worden ist. In Japan wurde er so zum Sukiyaki, in der Schweiz zum Fondue.

Zu vergleichen ist der Mongolische Hammeltopf dennoch mit nichts anderem. Da gibt es aus den ersten Jahren des Bürgerkriegs nach der Revolution von 1911 die berühmte, aber glaubhafte Anekdote marodierender Soldaten, die in einen kleinen Ort einfielen, das Postamt eroberten und alles vorhandene Geld raubten. Der einzige Platz übrigens, an dem die Soldaten Geld vorfanden. Zunächst gingen sie natürlich in ein gegenüber dem Postamt gelegenes Restaurant und bestellten sich Hammeltopf. Als sie bereits nach sechs oder sieben Stunden gesättigt waren, hatten sie immer noch Geld übrig behalten. Als treusorgende chinesische Familienmitglieder gedachten sie nun der Daheimgebliebenen, marschierten geschlossen wieder rüber zur Post und zahlten den Rest des Geldes auf Postanweisungen ein, damit sich die Angehörigen auch mal einen «Mongolischen Hammeltopf» leisten konnten.

Über den Topf und ein paar Rezepte werde ich mich beim Abschnitt «Spezialitäten» näher äußern.

Schweinefleisch süß-sauer

I. 1 Pfund Schweinefleisch, gewürfelt. (Die Chinesen sind übrigens nicht so dumm wie wir und nehmen immer das magerste vom Mageren. Sie wissen, daß insbesondere Schweinefleisch nur dann schmeckt, wenn etwas Fett dabei ist. Lassen Sie das Filet Ihrer Nachbarin, nehmen Sie Schweinefleisch, das mit Fett durchzogen ist.)

1 Eßl. Wein;
2 Eßl. Sojasauce;
2 Eßl. Mehl;
1 Eßl. Stärkemehl.

II. 2 oder 3 grüne Paprikaschoten, zerteilt;
1 große Zwiebel, geviertelt;
1 Möhre, in dünne Scheiben geschnitten und vorgekocht;
1 Stück Bambus (etwa 100 g) in Scheiben geschnitten;
1 Tasse Ananas, in Stücken geschnitten, wenn es nicht schon in der Dose in Stücken war;
Ingwer.

III. 5 Eßl. Zucker (nicht zuviel, also keine Haufen auf die Löffel);
4 Eßl. Sojasauce;
1 Eßl. Wein;
3 Eßl. Essig;
Etwas Tomatensauce oder Tomatenketchup.

IV. 1 Eßl. Stärkemehl, in Wasser aufgelöst.

I miteinander vermischen und ziehenlassen.
Das Fleisch in der Friteuse braten, bis es nicht nur braun, sondern auch knusprig ist, aber auch gar. Also entweder die Würfel nicht zu groß machen oder das Fett nicht so heiß.
Beiseite stellen.
Bevor wir II anbraten, ist es vielleicht ratsam, III miteinander zu vermischen.
Erst jetzt II anbraten, III zugeben.
Wenn die Sauce aufkocht, die Stärke-Lösung zusetzen.
Wenn die Sauce dick wird, das Fleisch hinein, aber nicht lange drinnen lassen, sondern schnell servieren.

Gebratenes Schweinefleisch mit jungen Zwiebeln

In den wenigen Monaten, in denen es auch bei uns junge Zwiebeln gibt, sollte man sich dieses Gerichtes annehmen. Es wäre schade um die Zwiebeln.

I. 1/2 Pfund Schweinefleisch, geschnetzelt;
2 Eßl. Sojasauce;
1 Eßl. Wein.

II. 1 großes Bund junge Zwiebeln (bzw. ein knappes Pfund noch einigermaßen junger Zwiebeln; die Zwiebeln werden genauso geschnetzelt wie das Fleisch; also keine Ringe, sondern der Länge nach in Streifen).

III. Salz.

Das Fleisch wird mit Soja und Wein vermischt.
Das Fleisch wird gebraten, bis es anfängt, sich zu verfärben.
Dann kommen die Zwiebeln hinzu, danach etwas Salz.
Wenn aus den Zwiebeln Saft heraustritt, ist das Gericht fertig.

Das gleiche kann man mit Porree machen. Damit es interessanter klingt, nennen wir es dann:

Gebratenes Schweinefleisch mit Porree

Dem Titel nach mag das Gericht in den Abschnitt gehören, der dem Gemüse gewidmet ist, dem Geschmack nach nicht. Deshalb steht es hier unter dem Namen:

Gefüllte Pilze

I. 15 bis 20 große Pilze.

II. ½ Pfund Schweinefleisch, klein gehackt;
   1 Teel. Sojasauce;
   1 Eßl. Wein;
   1 Teel. Stärkemehl;
   1 Teel. Öl;
   Salz.

Die Pilze werden, wie immer, zehn bis zwanzig Minuten in warmem Wasser geweicht.
Dann werden die Stengel abgeschnitten und weggeworfen.
Die gründlich zusammengerührten Artikel aus II werden nun in die Innenseite der Pilze gedrückt.
Es können kleine Hügel geformt werden.
Dann werden die Pilze mindestens eine Viertelstunde lang gedämpft.
Wir servieren sie mit Sojasauce.
Wer will, kann sich noch Mostrich draufschmieren.

• Die wenigen Fehler, die sich trotz Umsicht in die erste Ausgabe meines China-Kochbuches eingeschlichen hatten, habe ich dieses Mal eliminiert, aus zwei Gründen:
   1. mußte ich Platz schaffen für neue Fehler,
   2. bleiben die alten Fehler auch so der Nachwelt erhalten, weil ein paar Autoren, die aus der ersten Fassung abgeschrieben hatten, auch sämtliche Fehler mit übernommen haben. Vielen Dank, Kollegen.

Bohnenkäse mit Schweinefleisch
in scharfer Sauce

I. ¹/₂ Pfund Schweinefleisch (ausnahmsweise mager).

II. 1 Dose Bohnenkäse (etwa 250 g, vermutlich aber in der Größe von 8 Unzen im Handel).

III. 1 Knoblauchzehe, gehackt.

IV. 1 Schote getrockneten Chili (wenn Sie den nicht mögen, können Sie auch Tabasco nehmen, aber beliebt machen Sie sich damit bei mir nicht);
3 Eßl. Sojasauce.

V. 2 bis 3 grüne Paprika, in ziemlich große Stücke geteilt;
1 kleines Stückchen Bambus, in Scheiben geschnitten;
1 Möhre, in Scheiben geschnitten und vorgekocht;
3 bis 5 Pilze, halbiert (nachdem sie aufgeweicht worden sind, natürlich).

VI. 1 Eßl. Bohnenpaste (auf Dosen, die aus China kommen, steht meistens «mien chiang», auf japanischen «miso»);
Zucker, Glutamat.

Das Schweinefleisch wird eine halbe Stunde lang gekocht, abgekühlt und in dünne Scheiben geschnitten.
In wenig Öl wird der Bohnenkäse, den wir in passende Würfel geteilt haben, wie die Nordländer sagen «ein bei ein» gebraten, bis sie hellbraun sind, beiseite gestellt – in die Nähe des Fleisches.
Ebenfalls angebraten, ganz einsam, aber wohl stolz, wird die Knoblauchzehe. Sie wird ebenfalls beiseite gestellt, kann aber mit auf den Teller, auf dem das Fleisch wartet.
Die Bohnenpaste wird mit Chili und Soja (IV) vermischt.
In etwas Öl werden dann die Gemüse angebraten, IV wird druntergemischt. Zucker und Glutamat drüberstreuen.
Dann das Fleisch.
Alles fünf Minuten braten. Ganz zum Schluß die Käsewürfel in die Pfanne, aber sie dürfen nur noch warm werden.

Gebratenes Schweinefleisch mit Bambus

I. ¹/₂ Pfund Schweinefleisch, geschnetzelt;
2 Eßl. Sojasauce;
1 Eßl. Wein;
1 Teel. Stärkemehl.

II. ½ dünne Stange Porree, geschnetzelt.

III. ½ Bambus, geschnetzelt.

IV. 2 Eßl. Sojasauce;
 1 Teel. Zucker.

Das Fleisch mit Soja, Wein und Stärke verrühren, ziehenlassen.
In etwas mehr Öl als sonst werden Wein und Porree angebraten.
Wenn das Fleisch sich verfärbt hat, kommen die Bambusschnitzel hinzu.
Soja und Zucker in die Pfanne. Schön durchrühren und bei kleiner Flamme knapp zehn Minuten ziehenlassen.

Schweinefleisch mit gebratenem Kohl

 I. ½ Pfund Schweinefleisch, geschnetzelt;
 2 Eßl. Sojasauce;
 1 Eßl. Wein.

 II. 1 Zwiebel (oder Porree), geschnetzelt.

III. 1 Pfund Weißkohl, in schmale Streifen geschnitten.

Schweinefleisch mit Soja und Wein durchrühren.
Fleisch anbraten, sofort Zwiebel dazugeben.
Wenn das Fleisch braun ist, Kohl zugeben, Sojacauce in die Pfanne gießen und so lange brutzeln, bis der Kohl so weich ist, daß er gegessen werden kann.

Goldenes Filetschaschlik (Münzfleisch)

 I. 1 Pfund Schweinefilet, in nicht zu dünne Scheiben geschnitten;
 ¼ Pfund fetter Speck;
 10 Pilze, ausnahmsweise nicht geweicht.

 II. 4 Eßl. Sojasauce;
 2 Eßl. Wein;
 1 Teel. pulv. Ingwer;
 gehackter Porree, Anis-Samen.

III. 2 Eßl. Zucker;
 Öl, Sesam.

Schweinefleisch, Speck und Pilze (die Stengel abgetrennt und weggeworfen) werden in der Mischung II ein paar Stunden mariniert.
Die Marinade aufbewahren.
Auf einen dicken Spieß Fleisch, Speck und Pilze stecken. (Die Chinesen

nennen dieses Gericht Münzfleisch, weil sie behaupten, daß Fleisch und
Speck beim Braten genauso rund werden wie die Pilze. Sie legen auch
großen Wert auf einen dicken quadratischen Spieß, weil die alten Mün-
zen ein viereckiges Loch in der Mitte hatten. Viele Chinesen überwin-
den ihre Japan-Abneigung so weit, daß sie ein japanisches Eßstäbchen
als Spieß verwenden, das in der Regel, anders als das chinesische, vier-
eckig ist.)
Der Spieß wird fritiert, nicht allzu lange – deshalb sollen es auch Fleisch-
scheiben sein und nicht wie bei uns Würfel.
Die Marinade wird erhitzt, Zucker, Öl und Sesam dazu.
Das Fleisch vom Spieß streifen, und die Sauce kann jetzt entweder als
«dipping» benutzt oder über das Fleisch gegossen werden.

Gebratenes Schweinefleisch, kalt serviert

muß am Tage vorher vorbereitet werden.
  I. 1 Pfund mageres Schweinefleisch, in richtige Brocken geschnitten, so
     etwa 5 cm lang und ebenso breit, oder ganze Filets.

 II. 6 Eßl. Sojasauce;
     1 Stange Porree, gehackt;
     4 Scheiben Ingwer, gehackt;
     2 Eßl. Wein;
     1 Knoblauchzehe, gehackt.

III. 1 Eßl. Honig;
     1 Teel. Zucker.

Das Fleisch in der gründlich durchgemischten Abteilung II über Nacht
marinieren.
Am nächsten Tag das Fleisch mit der Honig-Zucker-Mischung einrei-
ben und im Backofen auf einem Rost eine Stunde braten.
Da die Stücke sehr groß sind, müssen sie natürlich gewendet werden.
Das Fleisch wird in Scheiben geschnitten und kalt serviert.

Fleischklößchen süß-sauer

  I. 1 Pfund Schweinefleisch, klein gehackt (oder durch den Wolf ge-
     dreht; oder bereits als Mett gekauft);
     1 Stange Porree, gehackt;
     2 Eßl. Sojasauce;
     1 Eßl. Wein;
     1 Ei;
     2 Eßl. Stärkemehl;
     Salz, Glutamat, Ingwersaft (oder pulv. Ingwer).

II. 5 Eßl. Zucker;
    4 Eßl. Essig;
    3 Eßl. Sojasauce;
    1 Eßl. Wein;
    $1/2$ Tasse Brühe (oder Wasser);
    Salz.

III. 1 Möhre, in Scheiben geschnitten und vorgekocht;
    $1/2$ Tasse grüne Erbsen oder
    Chin. mixed pickles.

IV. 2 Eßl. Stärkemehl, in Wasser aufgelöst.

Abteilung I gründlich miteinander vermengen, kleine Klöße formen.
Die Klöße fritieren, beiseite.
II vermischen.
Das Gemüse aus III anbraten; wenn es gar ist, Sauce II drübergießen und aufkochen lassen.
Dann sofort die Fleischklöße zugeben.
Bald danach das Stärkemehl. Warten, bis die Sauce dick ist.

Schweinefleisch mit Eiern

I. 1 $1/2$ Pfund Schweinebauch, nicht zu fett, in ziemlich große Würfel geteilt.

II. 6 Eßl. Sojasauce;
    3 Eßl. Wein.

III. 1 Stange Porree, geteilt;
    6 Scheiben Ingwer;
    1 Eßl. Zucker.

IV. 4 gekochte Eier.

Das Schweinefleisch braten, bis es braun ist (und die Würfel sich ein bißchen verkleinert haben).
Wein und Sojasauce zugeben. Weiterbraten bei nicht zu starkem Feuer, bis keine Flüssigkeit mehr in der Pfanne ist.
Dann kommt das Fleisch in einen Topf.
Dazu: Zucker, Porree, Ingwer und etwas Wasser, etwa zwei Tassen voll.
Zudecken und bei kleiner Flamme eine Stunde ziehenlassen, dann die bereits gekochten und hoffentlich mittlerweile auch geschälten Eier zugeben und alles zusammen noch einmal eine halbe Stunde ziehenlassen.
Vorm Servieren die Eier halbieren.
Die Sauce, die noch im Topf ist, übers Fleisch gießen.

Schweinefleisch mit Wachteleiern

I. 1 Pfund Schweinefleisch, in Streifen geschnitten.

II. ¹/₂ Tasse Sojasauce;
1 Eßl. Wein.

III. Wachteleier – 20 Stück sind vorgesehen, aber die Anzahl hängt wohl eher davon ab, wie viele Sie im Glas bzw. in der Dose vorfinden; also ruhig ein paar mehr oder weniger;
Mehl.

IV. 1 Stück Ingwer, zerdrückt;
1 kleine Zwiebel, klein gehackt;
1 Knoblauchzehe, zerdrückt.

V. 2 Eßl. Zucker

Das Fleisch in Sojasauce und Wein mindestens eine Stunde marinieren.
Die Wachteleier in Mehl wälzen und fritieren, beiseite legen.
Das Fleisch in kaltem Wasser aufsetzen. IV zugeben und eine Dreiviertelstunde lang zugedeckt kochen lassen.
Dann Zucker zugeben und die Eier und noch einmal zehn Minuten ziehenlassen.

Schweinefleisch mit Rübchen

I. 1 Pfund Schweinefleisch, in passende Häppchen geschnitten.

II. 4 Eßl. Mehl;
1 Ei;
Salz.

III. 1 Pfund Rübchen.

IV. 2 Eßl. Sojasauce;
1 Eßl. Wein;
Salz.

Aus Ei, Mehl und Salz einen Teig rühren.
Das Fleisch mit dem Teig verrühren.
Fleisch fritieren.
Die Rüben, wenn sie zu groß sind – oder wir gar eine große alte deutsche Steckrübe vor uns haben –, in Stücke schneiden, die so groß sind wie das Fleisch.
Die Rübchen in einen Topf.
Auf die Rübchen das Fleisch.

Auf das Fleisch und die Rübchen Abt. IV.
Ausreichend Wasser alles zusammen so eineinhalb Stunden leise vor sich hin kochen lassen.

Geräuchertes Eisbein

I. 1 Pfund Eisbein.

II. 6 Eßl. Wein.

III 6 Eßl. Sojasauce;
  Salz.

IV. Asche von verbranntem Holz
  1 Teel. Anis-Samen.

Das Eisbein zunächst solo kochen, etwa $1/2$ Stunde.
Dann Wein zusetzen und wieder zehn Minuten weiterkochen.
Soja und Salz dazu und wieder gut zwanzig Minuten kochen.
Dann das Eisbein vom Feuer nehmen. Es darf nicht weich, sollte aber schon gar sein.
In eine feste Eisenpfanne kommen Asche und Anis.
Auf die Pfanne ein Rost.
Das Eisbein auf den Rost und vielleicht ein bißchen Aluminiumfolie drüber, damit der Rauch gemütlich in das Fleisch eindringen kann.
Das Fleisch ab und zu drehen.
Wenn das Fleisch braun ist, können wir die Fenster öffnen und die Feuerwehr anrufen, daß sie nicht zu kommen braucht.
Zum Servieren in dünne Scheiben schneiden.
Man kann statt der Asche auch Zucker nehmen und mit angebräuntem Zucker räuchern.

Gehacktes mit gebratenen Fadennudeln

I. $1/2$ Pfund Rindfleisch, klein gehackt;
  3 Eßl. Sojasauce;
  1 Eßl. Wein;
  2 Teel. Stärkemehl;
  1 bis 2 Chilis, zerkrümelt (oder Tabasco);
  1 kleine Zwiebel, gehackt;
  Salz.

II. 30 g Fadennudeln, chinesische (siehe Abschnitt Nudeln).

III. 1 Tasse Wasser;
  Glutamat.

Abteilung I gründlich durchrühren.
Die Nudeln mit einer Schere in kurze Stücke schneiden.
Die Nudeln etwa 3 Minuten fritieren. (Sie gehen ein bißchen auf dabei.)
Die Fleischmischung braten. Kurz bevor sie fertig ist, das Wasser und Glutamat drunterrühren.
Dann das Ganze über die gebratenen Fadennudeln kippen.

Kohlrouladen

I. 10 große Blätter eines Weißkohls, wenn möglich, eines chinesischen.

II. 1/4 Pfund mageres Rindfleisch, durch den Wolf gedreht;
1/2 Tasse Zwiebeln oder Porree, klein gehackt;
1 Teel. Sojasauce;
1 Teel. Stärkemehl;
Salz.

III. 1 Eßl. Sojasauce;
1 Eßl. Essig;
2 Eßl. Zucker;
2 Teel. Stärkemehl, in möglichst wenig Wasser aufgelöst;
1 Tasse Brühe, und zwar von jener, die nach dem Dämpfen des Kohls übriggeblieben ist.

Die ganzen Blätter eine Weile kochen, dann weiter in kaltem Wasser geweicht.
Gründlich abtropfen lassen.
Dann die Blätter in möglichst gleichmäßige, rechteckige Stücke geschnitten.
Was abgeschnitten wird, aufbewahren.
In die Blätter jeweils vier Schlitze schneiden.
II gut miteinander vermischen, in zehn Portionen teilen.
Die Portionen auf die Blätter legen, die Blätter zusammenfalten, pressen, damit aus den Schlitzen ein bißchen Füllung herausguckt.
Die Rouladen brauchen nicht rund zu sein, ähneln eher Fausthandschuhen.
Der Boden einer tiefen Schüssel wird mit dem abgetrennten Kohl ausgelegt, in der Mitte die Rouladen stapeln und mindestens eine Viertelstunde dämpfen.
Gesondert Mischung III erhitzen, Stärkemehl später zusetzen.
Sauce vorm Servieren über die Rouladen gießen.

Fleisch mit Sellerie

I. ¹/₂ Pfund Rindfleisch, geschnetzelt;
   2 Eßl. Sojasauce;
   1 Eßl. Stärkemehl.

II. 1 mittelgroße Stange Staudensellerie (etwa ein knappes Pfund).

III. 3 Eßl. Sojasauce;
   1 große Prise Glutamat.

Das Fleisch mit Sojasauce und Stärke verrühren.
Die Blätter und die harten Teile des Selleries (an der Wurzel) werden beiseite gelegt und woanders verwendet, bzw. in den Mülleimer geworfen.
Der Rest wird geschnetzelt und dann ein paar Minuten gekocht.
Abtropfen lassen.
In ausreichend Öl das Fleisch braten.
Wenn es braun wird, kommen Sellerie, Soja und Glutamat hinzu.

Rindfleisch mit Zwiebeln

I. ¹/₂ Pfund Rindfleisch, geschnetzelt;
   1 Eßl. Sojasauce;
   1 Teel. Stärkemehl.

II. 2 bis 4 Zwiebeln, in Streifen geschnitten – also nicht quer, als wollten wir Ringe schneiden;
   Salz.

III. Sesam-Samen.

IV. 1 Eßl. Sojasauce;
   Pfeffer.

Fleisch mit Soja und Stärke verrühren.
Zwiebeln anbraten, etwas Salz drüber, beiseite stellen.
In etwas mehr Öl das Fleisch braten, mit Sesam drüber.
Wenn das Fleisch braun wird, Zwiebeln zugeben und zum Soja und Pfeffer.

Rindfleisch mit Zuckererbsen

I. ¹/₂ Pfund Rindfleisch, in kleine Scheiben geschnitten;
   1 Eßl. Sojasauce;
   1 Eßl. Wein;
   2 Eßl. Stärkemehl.

II. ¹/₄ Pfund Zuckererbsen, vorgekocht, Fäden abgezogen und die Spitzen beschnitten.

III. 2 Eßl. Sojasauce;
1 Knoblauchzehe, zerdrückt;
Zucker.

Fleisch in Wein, Soja und Stärke umrühren.
Fleisch ganz kurz braten, beiseite stellen.
In ganz wenig Öl die Zuckererbsen anbraten.
Fleisch, Knoblauch, Soja und Zucker zugeben. Durchrühren.

Rindfleisch mit Paprika

I. ¹/₂ Pfund Rindfleisch, geschnetzelt;
1 Eßl. Sojasauce;
1 Teel. Stärkemehl;
Pfeffer.

II. 3 bis 6 grüne Paprikaschoten, geschnetzelt;
Salz.

III. 1 Eßl. Sojasauce;
Glutamat.

Das Fleisch mit Soja und Stärke vermischen.
In etwas Öl mit Paprika braten, etwas Salz drüber. Wenn sie fertig sind, beiseite stellen.
In etwas mehr Öl das Fleisch braten, wenn das Fleisch die Farbe wechselt, Paprika zugeben und III.
Alles zusammen noch mal etwa zwei Minuten braten.

Nudeln, Eier, Teiggerichte

Das chinesische Schriftzeichen für Harmonie und Frieden enthüllt – wie auch viele andere Charaktere erstaunliche Erkenntnisse vermitteln – im Grunde eine ganze Ideologie. Das Zeichen für Harmonie und Frieden ist komponiert aus den Zeichen für wachsendes Korn und Mund.

Nudeln – mien (so steht es oft auf chinesischen Packungen) ist das Hauptnahrungsmittel des Nordens – nicht Reis. Vielleicht deshalb gibt es Nudeln auch in so vielen Variationen, daß wir nur froh sein können, in Marco Polo einen Reisenden gehabt zu haben, dessen Gepäck doch bei seiner Rückreise nach Venedig gewissen Beschränkungen unterlag. Schließlich war er es, der die uns als italienische Spezialitäten bekannten Teigwaren in Europa einführte, einschließlich der Ravioli. Hätte er die damals schon in China bekannte Vielfalt üblicher Nudelsorten mitgebracht, wäre das Sortiment auch bei uns unübersehbar.

Aber auch so haben wir noch genug zu tun, die verschiedenen Sorten und Formen auseinanderzuhalten, die heute hier angeboten werden. Da gibt es flache, runde, eckige, grüne, weiße und auch durchsichtige, die hier dann prosaisch Glasnudeln genannt werden, in China dagegen Nudeln aus pulverisierter Seide.

Die Unterschiede sind nicht willkürlich, man hat sie sich nicht zum Spaß ausgedacht, sondern zumindest grob unterschieden, haben sie jeweils eine bestimmte Bedeutung.

So gibt es Nudeln für: gebratene Fleischstücke, gebratene Shrimps, gebratene Hühner, für gebratenes, aber geschnetzeltes Fleisch und Nudeln für Pilze.

Werden Suppennudeln in größeren Mengen serviert, heißen sie auch nicht mehr Suppennudeln, sondern Topfnudeln. Sie werden dann aber nicht in der Suppe auf den Tisch gebracht, sondern in einem großen Topf und jeder nimmt sich, was er braucht.

Außer den gekochten gibt es auch gebratene Nudeln.

Die gebratenen Nudeln wiederum unterscheiden sich in gewöhnlich gebratene und knusprig gebratene.

Natürlich gibt es auch Gerichte, bei denen die Nudeln miteinander vermischt werden.

Obwohl die meisten Nudeln aus einem Teig gemacht werden, der unserem Nudelteig gleicht, werden auch viele Nudeln aus Bohnenmehl gemacht oder aus Reismehl.

Die chinesischen Fadennudeln werden dagegen ganz selten als Nudeln gegessen, ich meine, gesondert, sondern sind wie bei uns Suppeneinlage oder werden mit Gemüse zusammen serviert. Bei diesen Fadennudeln ist es ratsam, sie vorm Kochen zu zerkleinern. Sind sie einmal gekocht, ist es ziemlich schwierig, sie durchzuschneiden.

Um einigermaßen auf alles vorbereitet zu sein, was Sie auf diesem Gebiet erwarten kann, will ich vorsichtshalber auch darauf hinweisen, daß die Nudeln, die heute in China bzw. in Hongkong auf dem Markt sind und eben deshalb auch hierhergelangen können, entweder mit der Hand gezogen sind oder mit der Maschine, daß sie entweder normal getrocknet sind oder extra getrocknet.

Es gibt auch Eiernudeln.

Sie können Ihre Nudeln auch selbst herstellen, doch sind viele Sorten hier im Handel, sie sollten ruhig darauf verzichten. In der Kochnische sind sie nur schwer herzustellen und auch für die Chinesen gehören Nudeln zu jenen Gerichten, die man fertig kauft oder im Restaurant ißt.

Wer übrigens chinesische Fadennudeln hier kauft, dem könnten noch ein paar Hinweise nützlich sein.

Vielleicht kauft er sich grüne und glaubt, sie sind wie die italienischen deshalb grün, weil Spinat drin ist. Wenn er auch nur eine halbwegs empfindliche Zunge hat, wird er sich wundern. Es ist kein Spinat. Die grüne Färbung ist durch die Beimischung von Seetang entstanden.

Eine andere Sorte, die auch grün ist, wenn auch nicht so kräftig in der Farbe, hat grüne Bohnen beigemischt bekommen.

Wenn Sie chinesische Lautschrift auf den Etiketten finden, dann mag Ihnen diese Erklärung nützlich sein:

Die Bohnennudeln heißen Ffen Ssu (wenn sie aus Japan kommen «Harusame», die Seetangart dagegen Yang Fen («ito ganten» auf japanisch).

Für die Zubereitung ist es nämlich sehr wichtig zu wissen, welche Sorte man erwischt hat.

Die Bohnennudeln dürfen vor Gebrauch nur ganz kurz in kochendes Wasser gestippt werden, während die Seetangnudeln etwa 20 Minuten in lauwarmes Wasser gelegt werden müssen.

In jedem Falle sollten Sie darauf achten, daß Nudeln aus Asien nicht zu Matsch werden, wenn sie zu lange gekocht werden. Die meisten chinesischen Nudeln sind nach 3 Minuten Kochzeit fertig. Sie sollten dann unter fließendem Wasser abgespült werden. Es schadet nicht mal etwas, wenn man hinterher noch etwas Sesamöl drunterrührt.

Obwohl ich nach wie vor und sehr hartnäckig (weil ich mich vermutlich irre) die Ansicht vertrete, daß diese Dinger ursprünglich nichts mit chinesischer Küche zu tun haben, sondern aus Indonesien stammen, werde ich das Kapitel mit ihnen beginnen:

Frühlingsrollen

Merkwürdigerweise werden sie in China im Frühling gegessen, manchmal auch zu anderen Jahreszeiten, aber selten. Sie gehören auch zu den Tagen nach dem chinesischen Neujahr – aber das ist ja schon fast Frühling.

Haben Sie das Glück, in der Nähe einer chinesischen Siedlung zu wohnen, werden Sie da den Teig, in dem die Frühlingsrollen eingewickelt werden, fertig kaufen können. (Für die Bonn-Bewohner: Die Vertreter der chinesischen Nachrichtenagentur «Neues China» sollen, wie mir aus zuverlässiger Quelle mitgeteilt worden ist, seit 1967 einen ganz fabelhaften Koch haben. Vielleicht hat er ein paar Teigfladen übrig. Zwei Mann Agentur – ein Koch. Das ist ein Leben!)

Der gekaufte oder sonstwie aus chinesischen Quellen stammende Teig ist vermutlich dünner als der Ihrige werden wird (bei der nötigen Festigheit), er wird vielleicht auch knuspriger sein, nachdem er gebacken ist, ebenfalls etwas heller, weil er vermutlich aus einer besonderen Sorte Stärke hergestellt worden ist, die hier nicht zu haben ist.

Sollte eine solche Siedlung dagegen nicht in ihrer Nachbarschaft sein und sich auch der Koch der Agentur weigern, dann können Sie aus Weizenmehl etwas herstellen, das fast so gut ist – ja, ich glaube, nur sehr spezialisierte Feinschmecker werden einen Unterschied herausschmecken können.

Die Frühlingsrolle also, wie hieß es noch? ja, zerfällt in, wenn man sich dumm stellt, zwei Teile.

Zum Herstellen sind also zwei Arbeitsgänge erforderlich, die ich, gründlich wie ich bin, auch gesondert behandeln werde, vor allem, weil es, wie so oft, für beides – also auch für den Teig – unterschiedliche Methoden der Herstellung gibt.

1.
2 Tassen Mehl,
2 Eier,
2¹/₂ Tassen Wasser
werden zu einem Teig verrührt.

Eine nicht zu große Pfanne (nach Möglichkeit mit einem Durchmesser von mindestens 15 cm) mit ganz wenig Öl erhitzen, vielleicht nur mit einem Backpinsel oder in Öl getränktem Tuch den Pfannenboden überglänzen. In die Pfanne kommt dann so viel Teig, daß wir einen Fladen erhalten, der so dünn wie möglich ist. Sobald der Teig fest ist, aus der Pfanne nehmen und beiseite legen. Dieser Prozeß wird wiederholt, bis der Teig alle ist.

2.

$1/2$ Pfund Mehl,

$1^1/2$ Tasse Wasser

werden zu einem Teig verrührt.

Eine gleichgroße Pfanne wie bei Methode 1 nehmen, genausowenig Öl leicht erhitzen, genausowenig Teig in die Pfanne und wie vorher braten. Das heißt, im Grunde wird der Teig ja nur getrocknet.

Ganz ausgezeichnet eignen sich für die Teigfladen die neuen Bratpfannen, die mit Teflon, Paflon oder wie immer das Zeug genannt wird, überzogen oder beklebt sind. Auf alle Fälle soll dieses Zeug das Anbrennen verhindern. Bei diesen Pfannen braucht man fast gar kein Fett. Meistens genügt es, wenn man nach jeden vierten, fünften Fladen einmal mit dem geölten Pinsel über die Pfanne streicht.

Übrigens halte ich es für nützlich, die Pfanne nach jedem Fladen kurz unter kaltes Wasser zu halten, damit sie nicht zu heiß wird.

3.

Auch wenn ich versuchen soll, unparteiisch zu sein, möchte ich mir die Anmerkung erlauben, daß ich stets diese Methode anwende und diesen Teig, ebenfalls meine Frau.

2 Tassen Mehl,

1 Tasse Wasser, ruhig etwas mehr Wasser, wenn der Teig zu fest ist.

Daraus einen Teig rühren und braten, wie vorher beschrieben. Übrigens: Vielleicht ist es richtig, darauf hinzuweisen, daß der Teig stets nur von einer Seite gebacken wird. Er ist ja so dünn, daß er von beiden Seiten austrocknet.

Es gibt noch eine vierte Methode, die ich nie ausprobiert habe, die aber gut sein soll.

4.

2 Tassen Mehl,

1 Tasse Wasser werden zu einem Teig verrührt. Aber diesmal darf das Wasser nur langsam zugesetzt werden.

Dann bleibt der Teig über Nacht stehen.

Am nächsten Tag wird die Pfanne leicht erhitzt, der Teig wird in die Hand genommen und leicht über die Pfanne gerieben. Es wird – hat man mir gesagt – so viel auf der Pfanne bleiben, daß wir hauchdünne Kuchen erhalten.

Die Füllungen

Natürlich gibt es wieder unzählige Kombinationen für Füllungen. Doch unterstelle ich bei Ihnen schon so viel Perfektion, daß ich mich mit zwei Arten begnügen möchte.

Füllung A

I. $^1/_2$ Pfund Schweinefleisch, geschnetzelt;
   1 Eßl. Wein;
   1 Teel. Stärkemehl;
   Salz.

II. $^1/_2$ Tasse Porree, geschnetzelt;
    2 Tassen Bambus, geschnetzelt;
    1 Tasse Pilze, geschnetzelt;
    2 Tassen Bohnensprossen;
    2 Eßl. Soja;
    Salz.

Abt. I wird durchgerührt und in etwas Öl angebraten. Beiseite stellen.
In etwas mehr Öl das mit Soja und Salz vermischte Gemüse anbraten,
in der Pfanne mit dem Fleisch vermischen und beiseite stellen.
Kalt werden lassen.

Füllung B

I. $^1/_2$ Pfund Schweinefleisch, geschnetzelt;
   $^1/_2$ Pfund Shrimps, wenn sie allzu groß sind, klein schneiden.
II. 6 bis 10 möglichst junge Zwiebeln, geschnetzelt;
    $^1/_2$ Pfund Bohnensprossen, bzw. Inhalt einer Dose;
    1 Eßl. Sojasauce;
    Salz.

Zuerst Fleisch und Shrimps anbraten, dann die Zwiebeln zugeben, Soja
und Salz.
Danach alles abkühlen lassen und kalt noch mindestens eine halbe Stunde lang stehenlassen.

Also Frühlingsrollen mit Füllung A.

Etwa zwei Eßlöffel der Füllung in die untere Hälfte des Teiges placieren,
die oberen und seitlichen Ränder mit einer Mischung aus Stärkemehl
und Wasser einpinseln.
Das untere Ende über die Füllung legen, dann die linke Seite, die rechte
und weiter falten nach den Nummern oder rollen. Offene Stellen mit
der Stärkeflüssigkeit einreiben und gut versiegeln.

Frühlingsrollen mit Füllung B.

Die Fleischmischung mit jeweils einem Shrimp und einer Portion Bohnensprossen auf die gleiche Stelle legen wie bei Füllung A. Auch das Zusammenfalten genau wie bei A.

Um die Rollen zu füllen und falten, habe ich die Unterstützung des Rowohlt-Picassos erhalten:

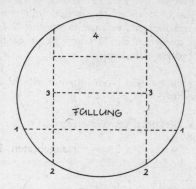

Die einzelnen Ziffern an den Strichen sind nicht verbindlich. Sie brauchen sich nicht um sie zu kümmern, sie sollen Ihnen nur die Reihenfolge andeuten, in der ich raten würde, die Eierkuchen bzw. Teigfladen um die Füllung zu falten.

Haben Sie die Rollen jetzt fertig vor sich liegen, ist das Schlimmste vorüber. Jetzt werden die Dinger nur noch fritiert, bis sie braun sind. Nicht zu viele auf einmal. Drei bis vier sollten reichen. Es dauert ja nicht lange, aber lassen Sie auf alle Fälle das Öl immer wieder richtig heiß werden, nachdem sie eine Portion herausgenommen haben.
Natürlich können Sie auch eine Füllung ohne Fleisch, nur mit Shrimps machen oder weder Schweinefleisch noch Shrimps, sondern Hühnerfleisch nehmen. Es gibt genug Möglichkeiten.
Schon wenn Sie etwas Staudensellerie zur Füllung tun, ist Ihnen ja etwas Eigenes eingefallen.
Die hier angegebenen Mengen reichen für ziemlich viele Frühlingsrollen. Aber ich finde, wenn man sich die Arbeit schon mal macht, dann soll man auch gleich Frühlingsrollen satt machen.
Die Frühlingsrollen können in eine Sauce aus Sojasauce und Essig gestippt werden beim Essen.

Gefüllte Semmeln

Diese und ähnliche Klöße gehören zu jenen chinesischen Spezialitäten, die selbst die berühmten «Far-East Old-hands» seltener essen, zumindest wenn sie nicht allzu lange dagewesen sind und sich mit den Vorzügen des auch heute weit verbreiteten Lebens im Kolonialstil begnügen. Wenn auch Rikscha-Rennen durch harmlose Wasserskijagden ersetzt sein mögen, was an der Sache nichts ändert.

Diese und andere Klöße werden nämlich in den einfacheren Restaurants, auch in den chinesischen Oasen außerhalb der Volksrepublik China angeboten. Wie in den feineren Restaurants unserer Städte, werden da kleine Servierwagen zwischen den Tischen herumgefahren, und man kann sich am Tisch bedienen (lassen).

I. 1 Pfund Fleisch, klein gehackt (vom Schwein oder Rind);
3 Zwiebeln, gehackt;
6 Pilze, gehackt;
1 Pfund Spinat, vorgekocht, getrocknet, gehackt;
1 Teel. pulv. Ingwer;
6 Eßl. Öl;
4 Eßl. Sojasauce;
2 Eßl. Wein;
Salz, Zucker, Sesam-Samen, Glutamat.

II. 8 Tassen Mehl;
2 Eßl. Zucker;
3 Eßl. Öl;
8 Eßl. Trockenhefe;
4 Tassen warmes Wasser (in etwa jedenfalls, auf alle Fälle muß ein ziemlich düner Teig entstehen);
Salz.

Teil I wird vermischt und bildet die Füllung.

Die Hefe wird mit Wasser angerührt und dem Mehl zugesetzt. Durchkneten, in eine gemehlte Schüssel legen und zugedeckt drei Stunden an einem warmen Platz stehenlassen.

Danach wieder kneten und auf einem gemehlten Brett zu einer Wurst rollen.

Die Wurst in 2 bis 3 cm lange Stücke schneiden, die Stücke plattdrücken, bis sie die Größe einer Untertasse haben.

Ein Eßlöffel Füllung in die Mitte legen, die Ränder hochdrücken, wie einen Sack formen. Die Ränder dann zusammendrücken und mit Daumen und Zeigefinger noch etwas drehen.

Auf den Boden eines Dämpfers ein feuchtes Tuch legen, unsere Semmeln 15 bis 20 Minuten dämpfen lassen.

Die Füllung kann vorher angebraten werden.

Nudeln mit Hühnerbrühe

Das ist die einfachste Nudelspeise. Sie verlangt freilich, daß wir ein paar passende Reste zur Hand haben.

I. ¼ Pfund gekochte Nudeln;
   ¼ Pfund gekochtes Hühnerfleisch, geschnetzelt;
   ¼ Pfund gekochter Schinken, geschnetzelt;
   ¼ Pfund gekochtes Schweinefleisch, geschnetzelt.

II. 1½ Tassen Hühnerbrühe;
   Salz, Pfeffer, Glutamat.

Die Nudeln werden in die einzelnen Suppenschälchen gelegt.
Auf den Nudeln wird das Fleisch arrangiert.
Brühe erhitzen. Gewürze zugeben – wenn sie vorher nicht drin waren.
Die Brühe in die Schälchen gießen.

Nudeln mit geschmortem Schweinefleisch

I. ½ Pfund Schweinefilet (oder Fleisch vom Kotelett);
   1 Eßl. Sojasauce;
   1 Eßl. Wein;
   1 Eßl. Porree, gehackt;
   ½ Teel. Ingwer, gehackt;
   Pfeffer.

II. 1 Teel. Zucker.

III. 2 Tassen Fleischbrühe;
   1 Teelöffel Soja.
   1 Teel. Wein;
   Salz.

IV. Nudeln für alle, gekocht.

Das Schweinefleisch in Teil I mindestens eine halbe Stunde lang marinieren lassen.
Flüssigkeit aufbewahren.
In ganz wenig Öl das Fleisch von allen Seiten anbraten, bis es hellbraun ist.
Zucker zugeben und auch die Flüssigkeit, die vom Marinieren übriggeblieben ist.
Bei kleiner Hitze schmoren, bis die Flüssigkeit verdunstet ist.
Fleisch aus der Pfanne nehmen und in kleine Stückchen schneiden.
Die Brühe erhitzen und Soja, Wein, Salz zufügen.
Die Nudeln in die einzelnen Suppenschälchen geben.
Das Fleisch auf die Nudeln legen und die Brühe, heiß, drübergießen.

Gebratene Nudeln

I. ¹/₂ Pfund chin. Nudeln, gekocht.

II. 5 Eier, geschlagen, mit etwas Salz vermischt.

III. ¹/₂ Tasse Bambus, geschnetzelt;
¹/₂ Tasse Schweinefleisch, geschnetzelt;
1 Pfund jungen Spinat; wenn die Stücke zu groß sind (noch mit Wurzeln, hoffe ich), dann zerkleinern, aber nur unten an den Wurzeln; auf keinen Fall hacken!
6 Pilze, geschnetzelt;
1 kleine Stange Porree, geschnetzelt.

IV. 1 Eßl. Wein;
2 Eßl. Sojasauce;
Salz, Glutamat.

V. Salz.

Die Eier braten (Rühreier). Beiseite stellen und in kleine Stückchen zerpflücken.
III anbraten, ziemlich bald IV zugeben.
Beiseite stellen.
Die gekochten, kalt gewordenen Nudeln in etwas Öl etwa fünf bis sechs Minuten lang braten, ständig rühren dabei und etwas Salz zugeben.
Die Nudeln müssen braun und knusprig sein.
Dann kommen sie in eine große Schüssel, unsere anderen, bereits fertigen Zutaten werden obenaufgelegt.

Gebratene Nudeln mit Fleisch

Während der Titel dieses Gerichts nur gewaltsam einen Unterschied zu anderen Gerichten mit gebratenen Nudeln herstellt, ist der Unterschied in der Zubereitung schon deutlicher zu erkennen.

I. ¹/₂ Pfund Nudeln, gekocht.

II. ¹/₄ Pfund Schweinefleisch, in schmale Scheiben geschnitten, in einer Schüssel aufbewahrt, in der sich ebenfalls
1 Teel. Sojasauce und
1 Teel. Stärkemehl befinden;
¹/₄ Pfund Hühnerfleisch, genauso geschnitten in einer Schüssel aufbewahrt, wo
¹/₂ Teelöffel Stärkemehl mit etwas
Salz sind;
6 Pilze, in Scheiben geschnitten;

$^1/_4$ Pfund Bambus, in Scheiben geschnitten;
1 gute Portion Shrimps, in
1 Teel. Wein und
1 Teel. Stärkemehl aufbewahrt;
40 Zuckererbsen, gesäubert, leicht angekocht;
$^1/_4$ Pfund gekochter Schinken, geschnetzelt.

III. $^1/_2$ l Wasser oder besser Fleischbrühe;
2 Eßl. Sojasauce;
2 Eßl. Wein;
Salz.

IV. 2 Eßl. Stärkemehl, in Wasser aufgelöst.

In etwas Öl werden die Nudeln gebraten. Dieses Mal werden sie aber nicht gerührt, sie können, sollen sogar ein bißchen zusammenkleben. Wir behandeln die Nudeln so, als würden wir ein Omelett braten. Wir lassen sie also auf einer Seite braun werden, wenden dann die ganze Portion.
Sind die Nudeln auf beiden Seiten braun, stellen wir sie beiseite, am besten bereits auf dem Teller, auf dem das Gericht nachher serviert werden soll.
In etwas Öl den kompletten Teil II braten, die Brühe bzw. das Wasser drübergießen. Wenn es aufkocht, die Stärkelösung zugeben und wenn die Sauce dick ist, alles auf die Nudeln gießen und uns bei jener Person bedanken, die uns den Teller von der ausreichenden Größe gegeben hat.

Schon die Frühlingsrollen, wenn Sie einigermaßen aufgepaßt haben und das Buch nicht etwa ausgerechnet hier zum erstenmal aufschlagen und mit viel Selbstvertrauen und wenig Kenntnissen nun gleich ans Kochen gehen wollen, schon die Frühlingsrollen also können auf unterschiedliche Weise zubereitet werden.
Ich habe ein paar andere Rezepte vorweggenommen, um Sie nicht allzusehr zu verwirren; aber nun ist es an der Zeit, Sie zu informieren, daß es außer den Frühlingsrollen noch viele andere Gerichte gibt, die ganz ähnlich sind, nur andere Titel tragen. Im Grunde gehören ja alle gefüllten Klöße zur gleichen Familie, wie sie auch immer genannt werden.
Es gibt gefüllte Teigtaschen, die dann aber einfach Eierrollen genannt werden, ebenso gibt es Ravioli, die Ravioli heißen, aber keine Ravioli sind, wie wir sie kennen.
Im Grunde gilt in diesem Abschnitt wie für das ganze Buch die Regel, daß Namen bedeutungslos sind. Lassen Sie sich auch nicht durch exotische Ausdrücke irritieren. Einige Bezeichnungen mögen sich ja dem Liebhaber chinesischer Küche eingeprägt haben. Sie bedeuten im Grunde nichts.

Da hört sich manches ganz doll an, etwa Won-Ton-Suppe, und wenn man hinguckt, ist das nichts weiter als Hühnerbrühe mit Ravioli.

Da gibt es die Zubereitung, die sich Fu-Yung nennt, bei Fleisch, Hühnern, Teigwaren. Auch das hört sich einigermaßen exotisch an, ist aber nichts anderes als unser Omelett, das heißt wie Omelett zubereitet mit den jeweiligen Zutaten.

Eierkuchenrollen

I. 2 Tassen Mehl;
1 Tasse kochendes Wasser;
2 Eßl. Sesamöl, kann selbst hergestellt werden, aber auch durch Öl mit Sesam-Samen angedeutet werden;

II. 75 g Bohnenpaste (auf den Dosen oder Tuben steht, wenn sie aus China stammen «Mien Chiang», wenn dagegen aus Japan importiert «Miso»;
1/2 Eßl. Sojasauce;
3 Eßl. Wasser;
Glutamat.

Aus Mehl und kochendem Wasser einen dünnen Teig rühren, wenn nicht dünn genug, mehr Wasser nehmen. (Sollten Sie das mit Hilfe eines elektrischen Mixers machen, dann braucht das Wasser nicht kochend zu sein.)

Aus dem Teig eine Wurst formen, so dick wie eine Billardkugel etwa.

Die Teigrolle teilen, und zwar in genauso große Abschnitte, so daß sie dem Durchmesser entsprechen.

Die einzelnen Scheiben platt drücken.

Eine Seite der Scheiben wird mit Sesamöl eingepinselt.

Auf eine geölte Scheibe eine nicht geölte legen und ausrollen, bis sie die Größe eines kleinen Tellers haben, also etwa 12 cm Durchmesser.

Auf ganz kleiner Flamme werden die Pfannkuchen dann von beiden Seiten in fettfreier Pfanne gebraten.

Die zwei zusammengelegten Scheiben werden jetzt wieder auseinandergenommen und dann gedämpft, damit sie schön weich werden und sich falten lassen.

Am besten mit einem heißen Tuch bedecken; sie sollen sich warm halten, bis sie serviert werden können.

Vorm Servieren werden sie noch zweimal, jeweils in der Mitte, gefaltet, so daß sie zum Schluß einen Viertelkreis bilden.

Die Bohnenpaste wird während der Zeit, in der die Pfannkuchen dämpfen, mit Soja, Wasser und Glutamat vermischt. Die Pfannkuchen werden damit besprenkelt.

Diese Pfannkuchen werden zum Beispiel zu folgenden Gerichten gegeben:

Rühreier mit Shrimps
Gebratene Bohnensprossen mit Paprika
Schweinefleisch mit Zwiebeln

Natürlich auch mit anderen, aber bei den genannten passen sie besonders gut. In diesen Fällen wird mit der Hand gegessen.

Die Reste der vermischten Bohnenpaste werden in einer besonderen Schale auf den Tisch gestellt.

Jeder kann dann seine Eierrollen mit der Paste und den anderen Zutaten füllen und, zusammengerollt, essen.

Das entspricht also im Grunde den aus anderen Küchen bekannten Tortillas.

Ravioli

Füllung
1/4 Pfund Hühnerfleisch, durch den Wolf gedreht oder ganz klein gehackt;
1 Eßl. Sojasauce;
1 Teel. Wein;
1 Eßl. Staudensellerie, gehackt;
Ingwer, Sesamöl, Salz.

Teig
2 Tassen Mehl;
1 Tasse Wasser;
1/2 Teel. Backpulver, in ganz wenig Wasser aufgelöst;
Salz.

Sauce
3 Eßl. Zucker;
2 Eßl. Sojasauce;
1 Eßl. Wein;
1 Eßl. Tomatenketchup;
1 1/2 Eßl. Essig.

1/2 Teel. Stärkemehl, in viel Wasser aufgelöst.

Die Füllung wird in einer Schüssel zusammengerührt.
Die Zutaten für den Teig werden in einer (anderen) Schüssel ebenfalls vermischt und durchgerührt.
Der Teig bleibt eine halbe Stunde stehen.
Ein Nudelbrett mit Stärkemehl bestreuen.
Den Teig darauf sehr dünn ausrollen.
In Quadrate von etwa 8 cm Seitenlänge schneiden.
1/2 Teel. Füllung in jedes Quadrat legen.
Wie einen Briefumschlag die vier Ecken zur Mitte zusammenlegen.

Mit einer Mischung aus Stärkemehl und Wasser versiegeln.

Fritieren, bis sie goldbraun sind.

Die Saucenzutaten werden verrührt und erhitzt, wenn die Sauce aufkocht die Stärkelösung zugeben.

Wenn die Sauce dick wird, ist sie fertig.

Die Raviolis können damit übergossen werden, aber besser ist es, die Sauce getrennt mit den Raviolis auf den Tisch stellen.

Fleischklöße (Chiao-Tzu)

Wie die Frühlingsrollen hat ein Chiao-Tzu eine Seele aus Fleisch und eine Haut aus Teig. Nur sind diese Klöße kleiner, der Teig dicker, nicht viel dicker, aber immerhin.

Außerdem kann man diese Klöße dämpfen oder braten.

Teig
2 Tassen Mehl;
Salz;
Wasser.

Dem Mehl so viel Wasser zusetzen, bis ein sehr dünner Teig entsteht. Damit der Teig bis zum Benutzen nicht trocknet, empfiehlt es sich, ein feuchtes Tuch drüberzulegen.

Füllung (variabel)
1 Pfund Schweinefleisch, klein gehackt oder durch den Wolf gedreht;
4 bis 7 Zwiebeln, klein gehackt;
1 Pfund Weißkohl, klein gehackt;
1/2 Stange Porree, fein gehackt;
1 Teel. Sojasauce;
Sesam, Salz.

Die Zutaten gut miteinander vermischen.

Aus dem Teig eine Wurst rollen in der Dicke einer Billardkugel oder, wenn Ihnen das nicht vornehm genug ist, der Dicke eines Golfballs.

Dem Durchmesser entsprechend teilen und die Stücke ausrollen, bis sie einen Durchmesser von etwa 8 cm haben.

Einen gut gehäuften Teelöffel voll Füllung in die Mitte des Teigs legen.

Zur Mitte falten und mit Daumen und Zeigefinger in kleinen Abständen zusammendrücken.

Sollten sie nicht fritiert oder gedämpft werden, können sie auch in kochendes Wasser gelegt werden und dort eine Viertelstunde liegenbleiben.

Es ist üblich, sie zum Essen wieder in eine Mischung aus Sojasauce und Essig zu stippen.

Fleischkuchen

I. ½ Pfund Schweinefleisch, durch den Wolf gedreht;
   1 kleine Stange Porree, gehackt;
   Ingwer.

II. 3 Eßl. Sojasauce;
   1 Eßl. Wein;
   Salz, Glutamat.

III. 2 Eier, geschlagen, mit etwas Salz gewürzt.

IV. ¼ Pfund Weißkohl, klein gehackt;
   Salz.

V. 3 Tassen Mehl;
   Wasser, am besten kochend, ausreichend für einen ziemlich dünnen
   Teig.

Mit den Vorbereitungen kann man an verschiedenen Ecken beginnen.
Der feingehackte Weißkohl muß zum Beispiel mit Salz bestreut eine
Weile stehenbleiben, bis das Salz das Wasser aus dem Kohl gezogen hat.
Der Teig muß mindestens zehn Minuten stehen, mit einem feuchten
Tuch bedeckt, bis er benutzt werden darf.
Aber wenn er benutzt wird, muß die Füllung auch fertig sein.
Also fangen Sie irgendwo an.
Fleisch, Porree und Ingwer müssen gebraten werden.
II beim Braten zugeben.
Eier braten, dann in kleine Stücke zupfen und zum Fleisch zugeben.
Den Weißkohl, nachdem er, mit Salz bedeckt, lange genug gestanden hat,
ausdrücken und ebenfalls mit der Mischung in unserer Schüssel vermen-
gen.
Den Teig rühren, stehenlassen, dann auf einem Brett ausrollen, wieder
den Durchmesser einer Billardkugel oder eines Golfballes.
Jedes einzelne Stück zu einem flachen Kuchen ausrollen.
2 Eßl. Füllung auf die Fladen legen.
Einen zweiten Fladen drüberlegen und die Ränder so zusammenknei-
fen, daß der Rand wie ein geflochtener Zopf aussieht.
Fritieren.
Mit Mischung aus Sojasauce und Essig servieren.

Wer darauf besteht, kann sich natürlich seine Nudeln selbst herstellen.
Da die meisten chinesischen Nudeln ohne Eier hergestellt werden, die
deutsche Hausfrau aber ganz offensichtlich dazu neigt, Nudeln, wie Haar-
shampoo, erst dann zu goutieren, wenn Eier drin sind, beginne ich mit
den Eiernudeln.

Eiernudeln

4 Eier;
3 Tassen Mehl.

Die Eier werden leicht geschlagen und dann mit dem Mehl verrührt.
Der weiche Teig wird mit einem feuchten Tuch bedeckt und etwa zwanzig Minuten stehengelassen.
Aufs neue durchkneten.
Auf einem gemehlten Brett den Teig hauchdünn ausrollen.
Der Teig wird mehrere Male zusammengefaltet, so daß er etwa die Breite von drei Fingern hat.
Dann wird der Teig in so schmale Streifen zerschnitten, wie es Ihnen möglich ist.

Nudeln

Die normalen Nudeln werden genauso hergestellt, nur kommen statt der Eier etwa 1 1/2 Tassen Wasser zum Mehl und etwas Salz.

Nudeln in Brühe

I. 1/2 Pfund Schweinefleisch, geschnetzelt;
   1 kleine Stange Porree, geschnetzelt;
   1/2 Pfund Spinat, gewaschen und geteilt, aber nicht innerhalb der Blätter.

II. 4 Eßl. Sojasauce;
    Salz, Glutamat.

III. 1/2 Pfund Nudeln.

IV. 1 Ei, geschlagen.

In einer Pfanne, die tief genug ist, um Brühe in ihr zu kochen, werden Fleisch, Porree und Spinat gebraten.
Dann kommt etwa 1 l Wasser hinzu, und während wir warten, bis das Wasser kocht, können wir uns endlich einmal mit den Nudeln beschäftigen, bei denen ich bisher immer geschrieben habe: gekocht.
Denn die Chinesen haben ihre eigene Anschauung vom Nudelkochen.
Deshalb schreibe ich ein bißchen auffälliger einmal hier zwischen das Rezept

Das Kochen von Nudeln

Die Nudeln werden in kochéndes Wasser geschüttet. Wenn das Wasser wieder aufkocht, eine Tasse kaltes Wasser zugießen. Wieder aufkochen lassen, noch mal kaltes Wasser und das gleiche noch ein drittes Mal.

Erst jetzt lassen wir das Wasser und die Nudeln in Ruhe – freilich sind sie auch in ein paar Minuten weich.

Eine genaue Zeit anzugeben, dürfte gefährlich sein. Am Ende haben Sie die Nudeln wirklich selbst gerollt und geschnitten, und ich habe keine Ahnung, wie fest der Teig wirklich geworden ist, wie dick die Nudeln. Weiter mit unserer Nudelsuppe.

In das Wasser, das allerdings bereits zur Brühe geworden ist, kommen die gekochten Nudeln. Wenn die Brühe wieder aufkocht, das geschlagene Ei langsam einrühren und die Suppe dabei verrühren.

Gebratene Fadennudeln

I. ¹/₂ Pfund chines. Fadennudeln. (Wenn Sie sie hier kaufen, achten Sie bitte darauf, daß Sie die richtige Sorte erwischen. Es sollte «I Fu» draufstehen, ich habe auch schon Pakete gesehen, auf denen es so stand: «Ieh Fooh». Das ist zu entschuldigen. Denn so klug unsere Sinologen auch sind, auf eine gemeinsame Lautschrift können sie sich offenbar nicht einigen.

Beim Kochen hat das natürlich ein paar Nachteile. Andererseits ist die Komplikation zu erklären. Chinesisch lesen und schreiben zu können, ist meistens schon Beruf an sich. Nun von den Herren noch zu verlangen, daß sie etwas vom Kochen verstehen, ist sicherlich zuviel verlangt. Es ist auch besser, wenn sie sich bei ihren politischen Analysen irren als bei Kochrezepten.)

II. ¹/₄ Pfund Schweinefleisch, durch den Wolf gedreht;
1 Teel. Sojasauce;
¹/₂ Teel. Stärkemehl;
Salz, Zucker, Pfeffer, Öl.

III. 1 kleine Zwiebel, gehackt;
1 Knoblauchzehe, gehackt;
Salz.

IV. ¹/₂ l Hühnerbrühe;
1 Tomate, gehäutet und gehackt.

Das Fleisch mit dem Rest von Teil II vermischen. Etwas Wasser zugeben.

In sehr viel Öl – es muß in der Pfanne schwimmen – werden die Nudeln goldbraun gebraten. Abtropfen lassen und beiseite stellen.

In sehr viel weniger Öl werden die kleinen Zwiebeln, Knoblauch und Salz angebraten. Hühnerbrühe und Tomate zugeben. Zehn Minuten ziehenlassen. Deckel auf die Pfanne.

Dann Fleischmischung einrühren. Deckel drauf und wieder fünf Minuten ziehenlassen, auf ganz kleiner Flamme.

Die gebratenen Nudeln in die Pfanne geben und eine Viertelstunde, vielleicht genügen auch zehn Minuten, ziehenlassen.

Eier mit Teeblättchen gekocht

Diese Eier werden zu jenen Speisen gerechnet, die vor dem eigentlichen Essen bereits auf den Tisch gestellt werden. Obwohl sich die Zubereitung von der bei uns üblichen Art unterscheidet, muß man schon eine ziemlich feine Zunge haben, um den Unterschied zu bemerken. Allerdings sehen die Eier viel hübscher aus, wenn sie fertig sind, was ja auch ein Vorzug ist.

I. 10 Eier.

II. 3 Eßl. Tee;
  2 Eßl. Salz;
  2 Eßl. Sojasauce;
  1 Eßl. Pfeffer;
  Anis.

Die Eier werden acht Minuten lang gekocht, abgeschreckt.

Die Schale der Eier, am besten mit einem Löffel, leicht einschlagen, aber dranlassen.

Zum Wasser, in dem die Eier gekocht wurden, kommen jetzt die Gewürze.

Die Eier werden noch einmal, dieses Mal zwanzig Minuten lang gekocht. Danach die Schale entfernen und das Muster auf dem Eiweiß bewundern.

Die Eier werden in Hälften oder Viertel gespalten.

Ähnlich wie die Eier in Tee, freilich nicht so hübsch, dafür aber etwas origineller im Geschmack sind

Gekochte Eier mit Sojasauce

I. 5 Eier.

II. 4 Eßl. Sojasauce;
  1 Teel. Zucker;
  Öl, Sesam.

Die Eier werden höchstens fünf Minuten gekocht, in kaltes Wasser gelegt und geschält.

Soja, Zucker, etwas Öl und Sesam werden mit etwas Wasser aufgekocht.
In diese Sauce kommen die Eier und werden dort bei kleiner Flamme fünf
Minuten gekocht.

Dann den Topf mit den Eiern beiseite stellen und noch eine halbe Stunde im Wasser lassen.

Da die Flüssigkeit die Eier nicht bedeckt, müßten die Eier ab und zu
gedreht werden, damit sie sich gleichmäßig färben.

Die Eier in Viertel spalten; auch sie sind als Horsd'œuvres gedacht.

Eier Fu-Yung

I. 1 Dose Krebsfleisch (crab-meat);
   1 Teel. Ingwer, klein gehackt;
   1 Eßl. Wein.

II. 6 Eier, leicht geschlagen.

III. 2 oder 3 Pilze, geschnetzelt;
   1/2 Tasse Bambus, geschnetzelt;
   1/2 Stange Porree, geschnetzelt;

IV. 2 Eßl. Sojasauce;
   2 Eßl. grüne Erbsen;
   1 Tasse Fleischbrühe;
   Salz.

V. 1 Eßl. Stärkemehl, in Wasser aufgelöst.

Schalen usw. aus dem Krebsfleisch entfernen und mit Ingwer und Wein
vermischen.

Krebsfleisch mit den Eiern vermischen, evtl. eine Prise Salz zugeben.

In ausreichend Öl die Mischung braten, kleine Omeletts, damit jeder
eines bekommt.

Abseits auf die Teller legen, auf denen serviert werden soll.

In wenig Öl III braten, IV zuschütten.

Wenn die Brühe aufkocht, die Stärkelösung zugeben.

Wenn die Sauce dick ist, auf die Omeletts gießen.

Lassen Sie sich übrigens nie irritieren, wenn Sie vielleicht nach einem
anderen Kochbuch ein hier aufgeführtes Rezept ganz anders zubereiten
sollen.

Entweder hat der Kollege einen Fehler gemacht oder ich. Oder aber auch
keiner von beiden. Die Gerichte mit gleichem Namen werden eben auf
verschiedene Weise hergestellt.

Gerichte mit gleichem Namen schmecken nicht nur in verschiedenen Restaurants Chinas verschieden, selbst in denselben Restaurants kann man an einem Tage ein ganz ordinäres «Schweinefleisch süß-sauer» mit komplett anderen Zutaten bekommen als am folgenden Tage. Es braucht nur ein anderer Koch da zu sein.

Richtig machen es vermutlich alle. Gesetze gibt es noch nicht, die besondere Zubereitungsarten vorschreiben. Jeder kann sein Gericht so kochen, daß es ihm schmeckt.

Hinweisen sollte man aber auf den Umstand, daß diese Behauptung nicht auf alle Gerichte zutrifft. Da wäre vor allem die Peking-Ente zu erwähnen. Wenn Sie eine in Wanne-Eickel bestellen, können Sie sicher sein, daß es keine ist.

Wenn Sie in einem Kochbuch ein Rezept dafür finden, nach dem Sie selbst diese Ente glauben herstellen zu können, ist das Rezept falsch. Sie können die Ente außerhalb Pekings essen, wo Sie wollen, Sie können sie selbst anrichten, wie sie wirklich schmecken soll, werden Sie nicht erfahren.

Eier mit Fleischklößchen

I. 6 hartgekochte Eier;
   Mehl.

II. ³/₄ Pfund Fleisch, klein gehackt, vom Rind oder Schwein;
   2 Eßl. Wein;
   1 Eßl. Stärkemehl, in Wasser aufgelöst;
   Ingwer, Salz.

Sauce
   2 Eßl. Sojasauce;
   1 Eßl. Stärkemehl;
   Zucker, Salz;
   1 Tasse Saft, der sich nach dem Dämpfen der Klöße gebildet hat.

Die hartgekochten Eier halbieren, auf das Eigelb etwas Mehl streuen.
Es empfiehlt sich, auf der unteren Seite der Eier etwas abzuschneiden, damit sie besser stehen und nicht umkippen.
Fleisch mit Wein, Ingwer, Stärkelösung und Salz verrühren.
Aus der Mischung 12 Klöße formen. Die Klöße auf die Eier legen.
Das Ganze etwa zehn Minuten dämpfen.
Danach werden die Eier mit den Klößen kurz fritiert.
Die Saucen–Zutaten werden kurz erhitzt und über die Eier gegossen.

Ham and Eggs, gedämpft

4 Eier, geschlagen;
1/4 Pfund gekochten Schinken, klein gehackt;
Salz, Öl;
1/2 Tasse Wasser.

Die Eier mit den anderen Zutaten durchrühren.
Dann zugedeckt eine Viertelstunde lang dämpfen.
Die Masse muß fest sein. Ist sie es nach der Viertelstunde noch nicht,
müssen wir eben noch ein bißchen warten.

Rühreier mit Shrimps

I. 1/2 Pfund Shrimps;
   1 Teel. Wein;
   1 Teel. Ingwersaft (Ingwer reiben, Wasser drübergeben und ausdrük-
   ken);
   1 Teel. Stärkemehl.

II. 6 Eier, leicht geschlagen.

III. Salz, Glutamat.

Die Shrimps mit Wein, Ingwer und Stärke verrühren, braten.
Wenn die Shrimps sich krümmen, aus der Pfanne nehmen und abküh-
len lassen.
Die Eier mit den Shrimps vermischen, dazu Salz und Glutamat.
Etwas Öl in der Pfanne erhitzen, die Eiershrimps (oder Shrimpseier von
mir aus) von beiden Seiten braten.

Gemüse

Das für uns Ungewöhnliche der chinesischen Kochkunst zeigt sich vielleicht bei der Zubereitung von Gemüse eher und deutlicher als bei den allgemein bekannten Extravaganzen. Schlangen essen, schön und gut, aber den Einfall gehabt zu haben, junge Bambussprossen in die Pfanne zu geben, finde ich eindrucksvoller. Vor allem, wenn man das Resultat genießt.

Allerdings werden wir junge Bambussproßen hierzulande kaum kennenlernen, das werden aber auch die Chinesen nur noch selten, die in den Städten wohnen. Sie sind vermutlich das schönste Gemüse überhaupt. Wenn ein Teller mit frischem Bambus und ein anderer Teller mit prima Fleisch auf den Tisch kommt, ist der Bambus sicher viel eher alle als das Fleisch.

Auch bei Gemüse vermeiden die Chinesen nach Möglichkeit Wasser. Auf keinen Fall darf mehr Wasser ans Gemüse als unbedingt notwendig. Die meisten Gemüse werden am besten in eigenem Saft. Spinat in Wasser zu kochen, ist barbarisch, und Kinder, die solchen Spinat verweigern, verstehen jedenfalls mehr vom Essen als ihre Mütter.

Weiche Gemüse brauchen auch nur selten Wasser. Harte Gemüse werden besser in der Pfanne zubereitet. Auch sie brauchen selten Wasser, um weich zu werden. Das Wasser darf auch erst zugesetzt werden, wenn das Gemüse bereits angebraten, gesalzen und ein bißchen – vom Braten – durch einen Ölfilm gegen den schädlichen Einfluß des Wassers gesichert ist.

Damit die Farbe des Gemüses erhalten bleibt, sich in einigen Fällen sogar verbessern kann, damit die Gemüse knusprig bleiben oder werden, soll die Pfanne auch nicht zugedeckt werden. Ausgenommen sind harte Gemüse, aber auch dann sollte der Deckel nur genommen werden, wenn noch kein Wasser in der Pfanne ist.

Natürlich kann es andere Ausnahmen geben – Melonen fallen mir gerade ein. Ich hoffe, ich werde im Einzelfall besonders darauf hinweisen.

Bemerkungen über die Gesundheit bei dieser Art der Zubereitung darf ich mir ersparen. Daß Vitamine, Minerale und was weiß ich alles bei der chinesischen Kochweise erhalten bleiben, ist nicht Ursache, sondern zufälliges Nebenprodukt. Immerhin gibt es ja Menschen, die essen nicht, weil es ihnen schmeckt, sondern weil es gesund ist, so wie sie essen. Sie wundern sich dann am meisten über jede Krankheit.

Bei Gemüse wird übrigens mehr Salz benutzt als bei Fleischgerichten und weniger Sojasauce.

Gebratener Kohl mit frischen Pilzen

I. ½ Pfund frische, feste Pilze;
  ½ Pfund Weißkohl, die einzelnen Blätter in mittelgroße Streifen geschnitten.

II. Salz, Zucker, Wein, Glutamat.

Die gewaschenen Pilze etwa zwanzig Minuten in Salzwasser legen. Kohl waschen.
Pilze und Kohl gemeinsam braten, bis beides zart ist.
Dann die Gewürze zugeben.

Gurken und Huhn in scharfer Sauce

I. ½ Suppenhuhn (also etwa 1 Pfund);
  1 Gurke, geschnetzelt.

II. 1 Teel. Ingwer, gehackt;
  1 kleines Stückchen Porree, gehackt.

Sauce
  4 Eßl. Sesam-Samen (kurz angeröstet, dann zermalmt, im Mörser oder auf andere Weise);
  3 Eßl. Sojasauce;
  3 Eßl. Essig;
  Zucker, Tabasco, Glutamat.

Das Huhn wird gekocht, bis das Fleisch zart ist.
Huhn kalt werden lassen, dann das Fleisch schnetzeln.
Mit der Gurke vermischen.
Die Sauce vermischen und kurz vorm Servieren über Huhn und Gurke gießen.
(Das ist, was vielleicht nicht gleich aufgefallen ist, ein kalt zu servierendes Gericht und kann deshalb zu passender Zeit vorbereitet werden.)

Dicke Bohnen, gebraten

I. 1 Pfund dicke Bohnen (Saubohnen, Puffbohnen) – entspricht in etwa 4 Pfund Bohnen mit Schale;

II. 3 Eßl. Zucker;
  1 Eßl. Salz;
  Glutamat.

Die Bohnen werden so lange in etwas Öl gebraten, bis die Farbe kräftiger wird – also ein bißchen grüner als grün.
Dann kommt ein bißchen Wasser hinzu, Zucker, Salz und Glutamat.
Fünf Minuten kochen.
Die Bohnen können auch kalt serviert werden.

Dicke Bohnen, geschmort

I. 1 Tasse Hühnerfleisch, in Scheiben geschnitten;
1 Teel. Wein;
1 Teel. Stärkemehl;
Salz.

II. 5 Tassen Fleisch- oder Hühnerbrühe;
2 Tassen dicke Bohnen, die Haut abziehen;
1 Tasse Bambus, in schmale Scheiben geschnitten, bzw. wenn die Scheiben zu groß sind, in sich teilen;
1 kleine Dose Champignons, halbiert (nicht die Dose, die Champignons).

III. 1 Eßl. Wein;
Salz, Zucker, Glutamat.

IV. 1 ¹/₂ Eßl. Stärkemehl, in Wasser aufgelöst.

Hühnerfleisch mit Wein, Stärke und Salz verrühren.
In wenig Öl braten und beiseite stellen.
Die Brühe erhitzen, und wenn sie aufkocht, Gemüse in die Pfanne (oder in den Topf) geben.
Einen Moment kochen lassen, dann Teil III zugeben.
Wenn alles gar ist, die Stärkelösung zuschütten, warten bis die Sauce dick ist.

Gebratene Bohnensprossen mit Paprika

I. 1 Pfund Bohnensprossen;
3 (etwa) Paprika, geschnetzelt, aber wirklich klein schneiden. Sie sollen möglichst nicht größer sein, als die Keimlinge.

II. 2 Eßl. Wein;
Salz, Glutamat.

Bohnensprossen (siehe entsprechenden Abschnitt bei den Zutaten) und die Paprikaschoten braten. Wein, Salz, Glutamat etwas später zugeben.

Geschnetzelte Rüben

I. 1 Pfund Rüben, geschnetzelt.

II. 1 Eßl. Sojasauce;
   Salz, Zucker, Glutamat.

Die Rüben braten, nach ein paar Minuten etwas Wasser in die Pfanne gießen und die anderen Zutaten. Zehn Minuten auf kleiner Flamme ziehenlassen.

Gebratener Spinat

1 Pfund Spinat;
Salz.

Den Spinat an den Wurzeln teilen, es sollen aber immer ein paar Blätter zusammenbleiben.
Spinat waschen und trocknen.
In heißer Pfanne wird der Spinat mit etwas Salz allerhöchstens fünf Minuten gebraten.

Gebratene Pilze mit Bohnenkäse

I. 3 Stücke Bohnenkäse.

II. 10 Pilze.

III. 2 Eßl. Sojasauce;
    Zucker.

Der Bohnenkäse wird, wenn die Stücke zu groß sind, gewürfelt und dann gebraten, bis er braun ist.
Pilze und Sojasauce zugeben, etwas später eine halbe Tasse von jenem Wasser zugeben, in dem die Pilze geweicht worden sind.
Einen Deckel auf die Pfanne und fünf Minuten ziehenlassen.

Gebratene Sellerie mit Bohnensprossen

1 kleine Stange Staudensellerie oder den Teil einer großen Stange, die dann etwa $1/2$ Pfund wiegen sollte, in Streifen geschnitten;
$1/2$ Pfund Bohnensprossen.

Beim Sellerie benutzen wir weder die Blätter noch die Wurzel oder andere zu harte Teile.
Sellerie waschen und gut trocknen.

Dann den Sellerie allein etwa zwei Minuten braten.
Bohnensprossen zugeben und etwas Salz. Noch mal zwei Minuten braten.
Wer noch Sesamöl hat, kann damit ganz zuletzt würzen.

Gebratener Kürbis

1 Pfund Kürbis;
Salz;
Junge Zwiebeln, gehackt.

Kürbis schälen, Kerne herauskratzen.
Kürbis in große, quadratische Scheiben schneiden.
Die Scheiben wiederum auf einer Seite diagonal einschneiden.
Den Kürbis in heißer Pfanne mit etwas Salz braten, bis er zart und goldbraun ist.
Dann etwas Wasser zugeben und noch zehn Minuten ziehenlassen.
Vorm Servieren gehackte Zwiebeln drübergeben. Wenn es wirklich junge Zwiebeln sind, dann nur das grüne Zeug.

Gemischtes Gemüse, gebraten

I. 150 g bis 200 g Weißkohl, die Blätter in kleine Stücke geschnitten;
5 bis 8 Pilze, halbiert;
100 g Bambus (kann etwas weniger sein), in dünne Scheiben geschnitten, dann halbieren und die Scheiben wiederum an der geraden Seite so einschneiden, daß sie Zähne erhalten wie ein Kamm;
30 g Zuckererbsen, vorgekocht;
75 g Möhren, in Scheiben geschnitten und vorgekocht;
1 kleine Gurke, in Scheiben geschnitten.

II. 5 Eßl. ausgelassenes Hühnerfett. Wenn nicht vorhanden, Öl.

III. 5 Eßl. Hühnerbrühe;
2 Eßl. Sojasauce;
Zucker, Salz, Glutamat.

Zuerst den Kohl anbraten, dann die anderen Gemüse zugeben.
Etwa fünf Minuten braten.
Brühe und Gewürze einrühren. Alles schön durchkochen.

Gemüse mit gebratenen Fadennudeln

I. 25 g Fadennudeln.

II. 5 bis 7 Pilze, geschnetzelt;
   1 Tasse Bambus, geschnetzelt;
   4 Stücke Bohnenkäse, angebraten und danach geschnetzelt (wenn
   Sie keinen haben, können Sie das Gericht auch ohne ihn machen);
   2 (etwa) Paprika.

III. 3 Eßl. Sojasauce;
   Salz, Zucker, Glutamat.

Die Nudeln in heißes Wasser legen. Dann in Stücke von eßbarer Länge
schneiden.
Die Gemüse in ausreichend Öl anbraten.
Wenn sie gar sind, die Gewürze aus Gruppe III und die Nudeln zufügen.

Gedämpfte Auberginen mit Eiern

I. 1 Pfund Auberginen (möglichst kleine).

II. 2 Eier, geschlagen;
   Etwas Porree, gehackt;
   3 Eßl. Sojasauce;
   1 Eßl. Zucker.

Die gewaschenen Auberginen dämpfen, bis sie gerade gar sind.
Eier mit den anderen Zutaten braten und in kleine Stücke zupfen.
Die Auberginen schälen und der Länge nach in kleine Stücke schneiden.
Die Eier in die Mitte des Tellers kippen und die Auberginen drumherum
drapieren.

Reis

Chinesischer Reis soll gleichzeitig trocken sein, aber auch so aneinander kleben, daß man ihn mit Stäbchen essen kann.

Obwohl es keineswegs ungehörig ist, die Reisschälchen dicht vor den Mund zu halten und den Reis mit Hilfe des Stäbchens nun einfach hineinzuschaufeln.

Geheimnisse gibt es nicht. Reis auf chinesische Weise zu kochen, ist kein Problem. Reis kochen ist überhaupt kein Problem. Deutschlands Hausfrauen haben sich darauf spezialisiert, ein Problem daraus zu machen.

Nach einem gar nicht einmal gründlichen Studium verschiedener Werke angesehener Kochkünstler habe ich bis jetzt 68 Methoden zusammenstellen können, nach denen Reis gekocht werden soll.

Keiner von ihnen scheut sich davor, zu versichern, daß der Reis nur dann trocken und körnig wird, wenn man ihm folge.

Ich habe nicht alle 68 Methoden selbst ausprobiert. Dazu ist mir der Reis zu schade. Ich habe außerdem meine eigene Methode, wenn ich nicht irre, ist es die 69. Sie hat einen Nachteil, sie ist ohne Fisimatenten. Ich koche, wenn ich ihn für gewöhnliche Gerichte brauche, den Reis einfach in sehr viel Wasser. Wenn er gar ist, gieße ich ihn über ein Sieb. Fertig. Er ist immer trocken, immer körnig.

Für ein chinesisches Mahl ist Reis unerläßlich; auf chinesische Weise gekocht, würde ich sagen. Reis steht während des ganzen Essens auf dem Tisch, alles, was Sie auf den vorangegangenen Seiten gelesen haben, alles, was noch folgt, diente nur dazu, den Reis besser essen zu können.

Nur bei besonders festlichen Gelegenheiten reichen die chinesischen Gastgeber den Reis erst zum Schluß, damit sich die Gäste damit noch die letzten Falten im Magen ausstopfen können. Wobei noch anzumerken wäre, daß es als besondere Unhöflichkeit angesehen wird, von diesem Reis nichts mehr zu essen. Nicht so sehr gegenüber dem Gastgeber, als vielmehr gegenüber dem ehrenwerten Reis.

Reiskochen

Der Reis wird zunächst unter fließendem Wasser so lange gewaschen, bis das Wasser nicht mehr trübe, sondern klar aus dem Reis herausläuft. Das Verhältnis zwischen Wasser und Reis beträgt 2 : 1, also 1 Tasse Reis – 2 Tassen Wasser.

Der Reis wird auf starkem Feuer gekocht, bis das Wasser fast verdunstet ist.

Dann wird die Flamme ganz, ganz klein gestellt. Ein Deckel kommt auf den Topf und nach zwanzig Minuten wird der Deckel wieder heruntergenommen. Der Reis ist fertig. Vielleicht klebt ein bißchen am Boden. Aber daraus soll man sich nichts machen.

Wer den Reis weicher will, nimmt mehr Wasser. Wer ihn härter will, weniger.

Wer freilich allzuviel Wasser nimmt, riskiert, daß der Reis richtig anbrennt.

Kohl- und Schinkenreis

I. ½ Pfund Reis.

II. ½ Pfund Weißkohl, gewaschen und gehackt;
    ¼ Pfund gekochter Schinken, gehackt;
    Salz.

Der Reis wird, wie sonst, zum Kochen aufgesetzt.
Wenn das Wasser kocht, kommen die anderen Dinge hinzu.
Deckel drauf und mit Volldampf kochen, bis das Wasser absorbiert oder verdunstet ist.
Dann auf kleinster Flamme noch eine Viertelstunde weiterkochen.
Aber während dieser Zeit hin und wieder nachsehen, daß der Reis auch nicht anbrennt, was leicht geschehen kann.

Gebratener Reis I

Für alle Gerichte mit gebratenem Reis empfiehlt sich Reis, der schon einen Tag vorher mindestens gekocht war. Gekochter Reis sollte sich etwa eine Woche lang im Kühlschrank halten.

I. ½ Pfund gekochter, kalter Reis.

II. 6 Eier, geschlagen;
    Salz.

III. 4 bis 6 Pilze, in Scheiben geschnitten;
     ½ Pfund (etwa) Bockwürste oder Wiener oder Frankfurter oder ...,
     in Scheiben geschnitten.

IV. ½ Tasse grüne Erbsen, aus der Dose.
    ¼ Pfund gekochter Schinken, in kleine Streifen geschnitten.

V. ½ Pfund Shrimps.

Die Eier mit Salz braten, beiseite stellen.
III braten, evtl. auch etwas Salz zufügen,

IV zugeben. Beiseite stellen.

Den Reis braten, die Shrimps zufügen und dann alles andere, was wir vorbereitet haben. Das Rührei kann in Stücke zerpflückt werden.

Wenn die Shrimps fertig sind, ist das Essen fertig.

Gebratener Reis II

I. $^1/_2$ Pfund Reis, gekocht und kalt, am besten, wie vorher erwähnt, 24 Stunden alt.

II. $^1/_4$ Pfund Hühnerfleisch, gekocht, in kleine Scheiben geschnitten;
$^1/_4$ Pfund Bambus, in dünne Scheiben geschnitten;
$^1/_4$ Pfund Shrimps, vorgekocht;
$^1/_4$ Pfund gekochter Schinken, in Streifen geschnitten;
4 bis 7 Pilze, grob gehackt;
$^1/_4$ Pfund grüne Erbsen, aus der Dose;
1 kleine Stange Porree, fein gehackt.

III. 3 Eier, geschlagen;
Salz.

Die Eier kurz braten, beiseite stellen, auseinanderpflücken.

II anbraten, dann den Reis zugeben. Auf kleiner Flamme weiter braten lassen, rühren.

Salz dazu, wenn etwas fehlt.

Ganz zum Schluß die gebratenen Eier in die Pfanne und noch einmal gut durchrühren.

Diese beiden Rezepte für gebratenen Reis sind hier eigentlich nur zum Spaß aufgeführt. Es sind Beispiele, aus denen eine vernünftige Hausfrau, wie Sie es ja sind, sonst hätten Sie das Buch nicht gekauft, erkennen kann, wie Reis mit angenehmem Resultat verwertet werden könnte. Auf keinen Fall ist – außer Reis, versteht sich – auch nur eine Zutat obligatorisch. Man kann auch andere Reste auf ähnliche Weise verwenden.

Man kann den Reis auch durch Chilis würzen.

Man kann Krabben statt Shrimps nehmen, von mir aus auch Mettwurst statt Bambus.

Wenn's danebengeht, hat man im Grunde nach dem Kochen genau das, was man vorher hatte: Reste.

Rühreier mit Reis

I. 3 Eier, geschlagen mit etwas Salz.

II. 2 Tassen gekochten Reis;
1 Tasse Hühnerbrühe;

1 Scheibe gekochten Schinken, grob gehackt.

III. 1 Scheibe gekochten Schinken, grob gehackt,
Etwas Bambus, vorgekocht, in dünne Scheiben geschnitten.

Die Eier in die heiße Pfanne geben und so lange sanft und liebevoll rühren, bis die Masse fester wird.
Dann schnell den Reis drunterrühren.
Schinken und Brühe aus Gruppe II ebenfalls einrühren.
Wenn alles heiß ist, in eine Servierschüssel kippen.
Bambus und Schinken aus Gruppe III wird drübergestreut.
Evtl. noch etwas Salz und Pfeffer.

Was jetzt kommt, kann in den Abschnitt Suppen gehören, aber ebenso auch hierher.
Denn eine Congee ist eine Reissuppe. Nur hört sich Congee romantischer und auch appetitlicher an. Aber es bleibt eine Reissuppe.

Weiße Congee

1/2 Tasse Reis.

Der Reis wird gewaschen mit 4 Tassen Wasser aufgesetzt. Wenn das Wasser kocht, Flamme kleinstellen und das ganze Zeug ziehenlassen, bis ein schöner, klebriger Brei entsteht, ähnlich wie bei Haferflocken.
Freilich gibt es feinere Congees.

Hühner-Congee

Darüber läßt sich eher reden. Es wird auch etwas mehr verlangt.

I. 1 junges Huhn.

II. 2 bis 3 junge Zwiebeln oder Porree;
2 bis 3 Scheiben Ingwer.

III. 4 Eßl. Wein;
Salz.

IV. 1/4 Tasse Reis, normal – in unserer Praxis empfiehlt sich hier langkörniger Reis, sogenannter Patna-Reis;
1/4 Tasse Reis, klebrig – bei uns als Milchreis gepriesen;
4 Eßl. Sojasauce;
Salz, Pfeffer, gehackter Ingwer.

Das Huhn wird gesäubert und halbiert.

In einem großen Topf mit Wasser, Zwiebeln und Ingwer aufsetzen.
Wenn das Huhn halbgar ist, Wein und Salz zusetzen.
Noch eine halbe Stunde auf kleiner Flamme ziehenlassen.
Dann das Huhn herausnehmen, das Fleisch in kleine Happen schneiden.
Beide Sorten Reis waschen, in der Brühe kochen, bis wir wieder einen
dünnen Brei haben, wie bei der weißen Congee.
Die Hühnerstücke werden auf die einzelnen Schälchen (Portionen) ver-
teilt.
Jeweils einen Eßlöffel voll Sojasauce über das Fleisch gießen.
Die Congee in die Schälchen.
Mit Pfeffer, gehacktem Ingwer und, wenn nötig, mit etwas Salz würzen.

Buddha-Congee

I. 1 Tasse Reis.

II. 2 oder 3 Shrimps;
  10 Muscheln.

III. 50 g gekochter Schinken, klein gehackt;
  50 g gekochtes Hühnerfleisch, klein gehackt.

IV. Salz, Wein.

Der Reis wird gewaschen und in etwa sechsmal soviel Wasser oder Hühnerbrühe aufgesetzt; auf kleiner Flamme nach dem Aufkochen ziehenlassen.
Shrimps und Muscheln werden in Wein mariniert.
Schinken und Hühnerfleisch vermischen.
Wenn die Reisbrühe etwa eine halbe Stunde lang gekocht hat, kommen
unsere anderen Zutaten hinzu, und wir lassen alles zusammen noch
einmal eine halbe Stunde lang auf kleiner Flamme ziehen.

Shrimp-Congee

I. 1/4 Tasse Reis, normal (siehe Hühner-Congee);
  1/4 Tasse Reis, klebrig.

II. 100 g Shrimps oder Krabben;
  50 g gekochter Schinken, geschnetzelt.

III. Salz, Pfeffer.

Reis waschen in etwa zwölfmal soviel Wasser aufsetzen und kochen.
Die Shrimps mit dem Schinken dazu, kochen lassen, bis der Reis breiig
wird.
Mit Salz und Pfeffer abschmecken.

Suppen

Leider habe ich bislang nicht ermitteln können, wer das lästige Geschwätz aufgebracht hat, daß sich an der Suppe die Kunst des Kochens erweise. Die Kunst des Kochens mag sich bei vielen Gerichten erweisen, bei einer Sauce etwa (die die Chinesen kaum nötig haben), aber doch ganz selten bei einer Suppe.

Suppen können zu den Delikatessen besonderer Gelage werden. Suppen mögen ein chinesisches Mahl mit einem harmonischen Akkord abschließen. Sie können sogar mehr sein, als ein letzter Nachgeschmack, als ein vollendender Tupfen auf dem Gemälde einer Mahlzeit.

Aber die richtige Suppe soll, wie jeder weise Esser schon längst erfahren hat, den Kopf klären, die Zellgewebe ordnen und vielleicht ein paar, durch Zufall leer gebliebene Ritzen ausfüllen. Das ist die Bedeutung der Suppe.

Und gerade die besten Suppen können ganz einfach hergestellt werden. Wie die berühmte Katzenjammer-Suppe.

Katzenjammersuppe (Chi-Chiu-Tan)

Diese Suppe wurde bereits vor mehr als 800 Jahren literarisch bestätigt. Pearl S. Buck hat uns das Buch «Alle Menschen sind Brüder» übersetzt und seitdem wissen wir von dem Helden Chung Chiang, der sich eines Tages bestialisch besoffen und einen tödlichen Kater hatte.

Sofort machten sich seine Waffenkameraden auf zum nächsten Fluß, angelten einen Fisch und brauten mit ihm ein wirksames Gegengift.

Der Brummkopf verschwindet, ebenso, wenn nötig, durch den frischen beißenden, sauer-salzigen Geschmack auch jegliches Gefühl eines überstopften Magens.

I. 1 frischer Fisch, etwa 1 ½ Pfund schwer;
   20 weiße Pfefferkörner.

II. 2 Eßl. Essig;
   viel Salz.

Wasser mit den Pfefferkörnern (tunlichst in einem Beutel) zwei Stunden kochen. Dann den Pfeffer herausnehmen.

Fisch reinigen; in einer sehr heißen Pfanne den Fisch von beiden Seiten ganz kurz anbraten.

Dann den Fisch in das Pfefferwasser legen, Essig und mehr Salz als üblich dazutun. Eine halbe Stunde kochen. Die Medizin ist fertig.

Melonensuppe

I. 1 Melone, etwa 5 Pfund schwer.

II. ¼ Pfund Hühnerfleisch, gewürfelt;
   ¼ Pfund gekochter Schinken (oder auch geräucherter, bzw. Speck), gewürfelt;
   3 Hühnerleber, gewürfelt;
   1 Dose Krebsfleisch, zerzupft (oder Shrimps, oder Krabben);
   ½ Tasse Erbsen, Zuckererbsen wären besonders gut, sind aber keine Pflicht.

Das Oberteil der Melone abschneiden, die Kerne entfernen.
Sämtliche Zutaten in die Melone.
Die Melone bis zu vier Fünfteln mit kochendem Wasser auffüllen.
Das vorher abgeschnittene Oberteil als Deckel wieder aufsetzen.
In einem Topf vier Stunden dämpfen.
Etwas Salz kann zugegeben werden, ist geräucherter Schinken beigegeben worden, kann man den jetzt dem Hund geben, denn er hat seinen Geschmack weitergegeben und dürfte nun fad sein.
Der Rest kann gegessen werden, auch die Melone.

Kürbissuppe

I. Kürbis, etwa 4 Pfund schwer.

II. ¼ Pfund Hühnerfleisch, klein geschnitten;
   ¼ Pfund gekochter Schinken, klein geschnitten;
   3 bis 4 Pilze, gewürfelt;
   ¼ Pfund Shrimps;
   6 Tassen Hühnerbrühe;
   1 Stange Porree, geteilt;
   2 Scheiben Ingwer;
   1 Teelöffel Wein;
   Salz.

Oberteil des Kürbis abschneiden. Samen und weiches Fleisch entfernen.
Den Rand im Zickzack einschneiden, damit der Kürbis beim Servieren etwas hübscher aussieht.
Eine Viertelstunde lang vorkochen.
Die anderen Zutaten mit dem Kürbis zusammen eine gute Stunde dämpfen oder den Kürbis in diesen Zutaten eine halbe Stunde lang kochen.

Der Kürbis kommt in eine große Servierschüssel.
Er wird mit Brühe gefüllt. Ist noch Brühe übrig, kommt sie um den Kürbis herum. Melonensuppe kann genauso zubereitet werden.

Suppe aus geschnetzeltem Fleisch und Gemüse

Für den kenntnisreicheren Liebhaber chinesischer Küche, gehört diese Suppe – neben Schweinefleisch süß-sauer, Huhn mit Walnüssen u. ä. – zu den Favoriten der einfacheren Gerichte.

I. 4 Tassen Weißkohl, geschnetzelt.

II. 1/4 Tasse (etwa 50 g) Hühnerfleisch (möglichst Brust), geschnetzelt;
1 Schuß Wein;
Ingwer.

III. 50 g gekochter Schinken, geschnetzelt;
50 g Bambus, geschnetzelt;
4 bis 6 Pilze, geschnetzelt;
1 Teel. Stärkemehl;
Salz.

IV. 10 Tassen Hühnerbrühe;
1 Eßl. Wein;
Salz, Glutamat.

Der Weißkohl wird gekocht und prima abgetropft, nachdem er gar ist.
Hühnerfleisch mit Wein und Ingwer verrühren.
Hühnerfleisch, Schinken, Bambus und Pilze werden mit Stärkemehl und Salz bestreut.
Eine Schüssel wird eingefettet und unsere Zutaten in vier kleinen Häufchen in der Schüssel verteilt.
Alles mit dem gekochten Kohl zudecken und etwa eine Viertelstunde dämpfen.
Die Hühnerbrühe erhitzen, die Gewürze zusetzen.
Die gedämpften Sachen in eine tiefe Schüssel legen und die heiße Suppe vorsichtig – am besten von einer Ecke her – in die Schüssel gießen.
Unsere Hügel sollen nicht zerstört werden.
Die gedämpften Zutaten sollen nämlich, wenn alles fertig ist, Hügel bleiben, die Suppe soll drumherum fließen, wie um Inseln.
Nachdem die Schüssel auf dem Tisch ist, sollte der Gastgeber mit Stäbchen die Zutaten aufteilen, damit auch jeder etwas abbekommt und der appetitliche Anblick nicht durch wildes Fischen allzuschnell zerstört wird.

Fleischbrühe

$^1/_8$ Pfund Shrimps;
$^1/_8$ Pfund Hühnerfleisch, klein gewürfelt;
$^1/_8$ Pfund Schweinefleisch, klein gewürfelt;
$^1/_8$ Pfund gekochter Schinken, klein gewürfelt;
$^1/_8$ Pfund Bambus, gewürfelt;
3 bis 5 Pilze;
Muscheln nach Vorrat und Geschmack;
1 Tasse grünes Gemüse, klein gehackt;
1 Eßl. Wein;
Salz.

$^1/_2$ bis $^3/_4$ l Wasser erhitzen, kurz vorm Aufkochen die Zutaten ins Wasser geben und alles zusammen, zugedeckt, eine Viertelstunde lang kochen lassen.

Hühnersuppe mit Spinat

I. $^1/_2$ Pfund Huhn, irgendwelche Hühnerteile, an denen freilich noch Fleisch sein muß, gehen ausgezeichnet;
   1 Zwiebel, in Scheiben geschnitten;
   3 Scheiben Ingwer.

II. 30 g chin. Fadennudeln.

III. $^1/_2$ Pfund Spinat;
   1 Eßl. Wein;
   Salz, Glutamat.

Das Huhn mit Zwiebeln und Ingwer kochen, bis es gar ist, beiseite stellen. Die Brühe aufbewahren.
Die Fadennudeln weichen und dann in passende Längen schneiden.
Suppe aufkochen und den gewaschenen Spinat, Nudeln, Wein, Salz und Glutamat hineingeben.
Das Hühnerfleisch schnetzeln und in die Suppe geben.
Wenn der Spinat zart ist, nur so lange drinnen lassen, bis das Hühnerfleisch weiß geworden ist, was sofort der Fall sein dürfte.

Eierblumensuppe mit Gurke

I. $^1/_2$ Pfund Schweinefleisch (oder Hühnerfleisch, oder Rindfleisch), in kleine Scheiben geschnitten;
   2 Teel. Sojasauce;
   2 Teel. Wein;
   2 Teel. Stärkemehl.

II. ¹/₂ kleine Stange Porree, geteilt.

III. 1 ¹/₂ bis 2 l Fleischbrühe oder Wasser.

IV. 2 kleine oder 1 normale Gurke, in Scheiben geschnitten;
Salz, Glutamat.

V. 2 Eier, leicht geschlagen.
Fleisch.

Gruppe I miteinander vermischen.
In einem Topf anbraten, gleich Porree zugeben.
Wenn das Fleisch braun geworden ist, Brühe zugeben.
Wenn die Brühe kocht, Gurkenscheiben, Salz und Glutamat zugeben.
Ganz zum Schluß die Eier langsam in die Suppe rühren.

Eierblumensuppe mit Tomaten

I. 1 sehr große Zwiebel, die vielleicht schon allein ¹/₂ Pfund wiegt,
in Achtel schneiden, der Länge nach also, oder, wie die Chinesen sagen, mondförmig;
1 Pfund möglichst große Tomaten, blanchiert, geschält, ebenfalls
mondförmig in Achtel geschnitten.

II. ³/₄ l Fleischbrühe;
1 Eßl. Wein;
Salz, Pfeffer, Glutamat.

III. 1 Ei, leicht geschlagen.

In wenig Öl in einem Topf Zwiebel und Tomaten anbraten.
Brühe und Gewürze zugeben.
Nach dem Aufkochen langsam das Ei einrühren.

Eierrollensuppe

I. ¹/₂ Pfund Schweinefleisch (oder Rindfleisch), fein gehackt, oder
durchgedreht;
1 Eßl. Wein;
1 Teel. Stärkemehl;
Salz.

II. 2 Eier, gut geschlagen;
Salz.

III. Stärkemehl mit Wasser.

IV. ¹/₄ Pfund Möhren, in Scheiben geschnitten.

V. ¹/₄ Pfund Spinat.

VI. 2 Tassen Brühe.

VII. 3 Eßl. Sojasauce;
    2 Eßl. Stärkemehl, in wenig Wasser aufgelöst.

Fleisch, Wein und Stärkemehl mit etwas Salz gründlich durchrühren, in vier Portionen teilen.
In etwas Öl möglichst dünne Eierkuchen backen.
Das Fleisch auf die Eierkuchen.
Die Eierkuchen rollen, das Ende der Eierkuchen mit Stärkelösung versiegeln.
Diese Rollen mit den Möhren mindestens zehn Minuten dämpfen.
Die Eierkuchenrollen in Scheiben schneiden.
Spinat anbraten, zwei Tassen Brühe zugeben.
Wenn die Brühe aufkocht, Eierrollen, Möhren, Sojasauce und Stärkelösung zugeben.
Noch einmal gut rühren, aufkochen lassen.

Spezialitäten

Hammeltopf

Den Mongolischen Hammeltopf habe ich bereits erwähnt, aber noch nicht beschrieben. Auch ihn gibt es in Variationen, er wird dann meistens Feuertopf oder Feuerkessel genannt – genau wie der dazugehörige Topf, ein Ke-tze, wenn Sie sich das besser merken können. Im Grunde genügt, auch wenn ich hier mehrere Rezepte schreibe, wenn Sie sich merken, daß es eigentlich nur zwei Arten der Zubereitung gibt: eine vernünftige und eine unvernünftige. Wie so oft ist die unvernünftige so weit verbreitet, daß ich sie hier ebenfalls erwähnen muß. Zuerst freilich die andere, die ich unter dem Namen Hammeltopf vorstelle.

Der erste Nachteil besteht darin, daß der dazugehörige Topf hier in Europa schwer aufzutreiben ist. Er kommt eben mit seinem Feuer auf den Tisch, und so was ist hier nicht üblich. Die Zeichnung wird die etwas verzwickte Konstruktion verständlich machen.

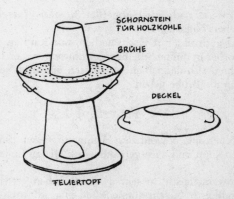

SCHORNSTEIN
FÜR HOLZKOHLE

BRÜHE

DECKEL

FEUERTOPF

Das Rohr in der Mitte enthält glühende Holzkohle, in der Rinne um den Schornstein herum befindet sich kochendes Wasser.

So kommt der Topf auf den Tisch. Wir haben allerdings bereits einiges vorbereitet:

1 Pfund (mindestens) zartes Hammelfleisch, in hauchdünne Scheiben geschnitten.

(Man kann natürlich auch Rindfleisch oder Schweinefleisch nehmen, aber Hammel schmeckt am besten. Da Hammel nicht jedermanns Sache ist, kann man natürlich Hammel- mit Rindfleisch nehmen. Aber eben in ganz dünne Scheiben geschnitten.)

In anderen Schüsseln kommen auf den Tisch:

Sellerie, Tomaten, Schnittlauch, Essig, Sojasauce, Austernsauce, Ingwersauce, Chilis, Spinat, Bohnenpaste, Wein, Salz, Pfeffer und was Ihnen immer noch außerdem einfällt. Alles klein gehackt und jeder rührt sich dann seine Sauce selbst, kriegt dazu als Basis ein Ei, das roh in das persönliche Schälchen geschlagen wird.

Das Fleisch wird dann mit Stäbchen in das kochende Wasser gehalten, in die Sauce getunkt und gegessen. Wer eine gute Frau hat wie ich, läßt sich vorher ein paar Man-Tous backen – oder einfache Brötchen, die mit dunklem Sesam-Samen bestreut sind wie Mohnbrötchen. Die Brötchen sollen nicht knusprig sein, sondern weich. Mit ihnen kann man auch noch schön viel Sauce stippen.

Zur Verfeinerung können wir vorher ein bißchen Gemüse ins Wasser geben, vielleicht die Blätter einer Chrysantheme und ein paar in Scheiben geschnittene Hühnerleber.

Da wir, wenn das Fleisch alle ist, eine Brühe im Topf haben, die vielleicht das beste von allem ist, können wir auch vorher geweichte chinesische Fadennudeln ins Wasser geben.

Dieses Essen kann als einziger Gang ein vollständiges Essen sein.

Das gleiche gibt es noch mit Hühnerfleisch, statt Wasser Hühnerbrühe, mit Fisch, Leber, Nierchen.

Man kann es auch nur mit Fisch machen, mit Karpfen etwa. Auch der muß dann vorher in dünne Scheiben geschnitten werden.

Dazu empfehlen sich dann Bambussprossen und auch sollte man etwas mehr Wein in die Brühe geben.

Feuertopf

Hier steht Feuertopf, obwohl der Hammeltopf genauso Feuertopf genannt werden kann und auch genannt wird. Hierzu nimmt man:

$1/2$ Pfund Schweinefleisch, in sehr dünne Scheiben geschnitten;
$1/2$ Pfund Rindfleisch, in sehr dünne Scheiben geschnitten;
$1/2$ Pfund Hühnerfleisch, in sehr dünne Scheiben geschnitten;
3 Eßl. Porree, gehackt;
2 Teel. Ingwer, gehackt;
$1/2$ Tasse Shrimps;
$1/2$ Tasse getrocknete Muscheln, geweicht und getrocknet;
$1/2$ Pfund Weißkohl, in Streifen geschnitten;
1 Bambus, in dünne Scheiben geschnitten;
6 Pilze, in Scheiben geschnitten;

¹/₂ Pfund Fisch, in Scheiben geschnitten;
3 Eßl. Wein;
Salz, Pfeffer;
Statt Wasser evtl. Brühe.

Im Gegensatz zum vorigen Feuer- bzw. Hammeltopf kommen die Zutaten auf bestimmte Weise von vornherein in den Topf und zwar: 1. Porree, Ingwer, Shrimps, Muscheln. 2. Kohl. 3. Fleisch. 4. Bambus, Pilze, Fisch und evtl. auch ein paar Fadennudeln. Das alles wird mit Wein und Gewürzen bestreut und begossen. Erst dann kommt die erhitzte Brühe oder das erhitzte Wasser in den Topf. Alles wird zusammen auf den Tisch gestellt, und jeder nimmt sich eine Portion, wenn alles gar ist.

An Stelle des Feuertopfes, dessen Abbildung hoffentlich bewundert worden ist, kann man natürlich auch jeden anderen Topf mit einem Rechaud nehmen.

Vogelnestersuppe mit fließendem Eiweiß

Seitdem in unseren Geschäften getrocknete Schwalbennester zu kaufen sind und auch getrocknete Haifischflossen, besteht keine Veranlassung, die passenden Gerichte auszulassen.
Die Suppen sind nämlich nicht besonders kompliziert herzustellen, nur sind die Zutaten eben ziemlich teuer. Aber wen schreckt man heutzutage schon mit so einem Hinweis. Im Gegenteil.

I. 4 Vogelnester.

II. ¹/₄ Pfund Hühnerfleisch, am besten von der Brust, klein gehackt und nach dem Hacken mit etwas Wasser vermischt;
1 l Hühnerbrühe;
1 Eßl. Wein;
Salz.

III. 2 Eßl. Stärkemehl, in reichlich Wasser aufgelöst.

IV. 2 Eiweiß, geschlagen.

V. 1 Scheibe gekochter Schinken, gehackt;
Etwas Petersilie, gehackt.

Die Vogelnester über Nacht in Wasser einweichen. Wenn möglich, das Wasser hin und wieder wechseln.
Vorm Zubereiten mit einer Pinzette die Federn herausfischen.
Die Brühe erhitzen, Wein, Salz und Hühnerfleisch in die Suppe geben.
Fünf Minuten ziehenlassen.

Vogelnester und Stärkelösung zugeben und zehn Minuten ziehenlassen.

Dann das steifgeschlagene Eiweiß in die Suppe rühren. Wenn es fest geworden ist, kann die Suppe in die Servierschüssel gefüllt werden.

Schinken und Petersilie draufstreuen, hauptsächlich, damit alles ein bißchen hübscher aussieht.

Es mag den einen oder anderen braven Hausvater geben, der meint, er könne sich, wenn schon das Fischen von Haien schwierig ist, doch die Ausgabe für Schwalbennester sparen und selbst ein paar suchen, anläßlich eines Sonntagsausfluges.

Sagen Sie ihm, daß er dann aber auch darauf zu achten hat, daß er die Nester der richtigen Schwalben erwischt. Die eßbaren Nester stammen von Tieren, die hauptsächlich an der Küste des Gelben Meeres leben. Ihre Nester sind nicht größer als ein chinesischer Suppenlöffel.

Die Nester sind aus klebrigem Speichel fabriziert, und da sich diese Schwalben fast ausschließlich von Fischen ernähren, enthalten ihre Nester naturgemäß viel Protein, falls das in diesem Zusammenhang interessiert. Wenn die Vogelnester auch sehr teuer sind, so gibt es doch auch bei ihnen Preisunterschiede. Die besten soll es im Augenblick auf den Philippinen und in Nord-Borneo geben.

Die Schwalbennestersuppe gilt in China als schmackhaftestes und kostbarstes Gericht überhaupt.

Vogelnestersuppe mit Huhn

I. 4 Vogelnester.

II. ³/₄ bis 1 l Hühnerbrühe;
   Salz.

III. 100 g Hühnerfleisch, vorgekocht und geschnetzelt;
   4 Scheiben gekochter Schinken, geschnetzelt;
   4 Zuckererbsen;
   Salz, Glutamat.

Die Vogelnester wie vorher einweichen und später die Federn entfernen. Die Hühnerbrühe erhitzen, Salz zufügen und die Nester dann in der Brühe etwa zwanzig Minuten bei kleiner Flamme ziehenlassen.

Zum Schluß den Rest der Zutaten.

Gekochte Haifischflossen

I. ¹/₄ Pfund feine, gereinigte Haifischflossen. (Ich hoffe, Sie haben die richtigen gekauft, weil einfache Haifischflossen, die ich in unserer

Gegend allerdings noch nicht gesehen habe, sehr lange gekocht werden müssen: nämlich eine Woche!)
1 Stange Porree;
5 Scheiben Ingwer.

II. 5 Tassen Hühnerbrühe.

III. 1 Dose Krebsfleisch, gereinigt;
1/4 Pfund Bambus, geschnetzelt;
5 bis 7 Pilze, geschnetzelt;
3 Eßl. Sojasauce;
3 Eßl. Wein;
Zucker, Glutamat.

IV. 1 Eßl. Stärkemehl, in Wasser aufgelöst.

Haifischflossen über Nacht weichen.
Am nächsten Tage mit Porree und Ingwer in viel Wasser eine Stunde lang kochen lassen.
Herausnehmen und gut abspülen.
Dann noch einmal eine halbe Stunde lang in der Hühnerbrühe kochen.
III in die Suppe geben und noch einmal 10 Minuten ziehenlassen.
Mit der Stärkelösung andicken und servieren.

Haifischflossen-Suppe

I. 1/4 Pfund feine, gereinigte Haifischflossen.

II. 1 Stange Porree;
5 Scheiben Ingwer.

III. 1/2 Huhn;
1 Stange Poree;
5 Scheiben Ingwer;

IV. 1/2 Tasse Bambus, geschnetzelt;
2 Eßl. Wein;
Salz, Glutamat.

Die Haifischflossen über Nacht einweichen. Am nächsten Tag dreimal in kaltem Wasser spülen.
Dann in reichlich Wasser mit Porree und Ingwer eine Stunde kochen.
Abspülen und abtrocknen.
Das Huhn 1 1/2 Stunde kochen, ebenfalls mit Porree und Ingwer. Und so viel Wasser nehmen, daß Sie nachher mindestens zehn Tassen Brühe haben, die brauchen wir nämlich:
Das Hühnerfleisch vom Knochen lösen und schnetzeln.

Die Haifischflossen in zehn Tassen Brühe eine halbe Stunde lang kochen.
Dann eine Tasse vom geschnetzelten Hühnerfleisch zugeben, Bambus und die Gewürze.

Lassen Sie sich übrigens nicht von dem populäreren Namen der Haifischflossen-Suppe irritieren. Haifischflossen mit Krebsfleisch gelten als feinere Delikatesse.

Die medizinische Bedeutung einiger Zutaten und der Unterschied der Eßgewohnheiten einiger chinesischer Provinzen

Die Chinesen haben ja immer das Wichtige im Leben untersucht und nicht jene Dinge, wie wir Abendländer, die nur Verwirrung stiften und dem Wohlleben sogar schaden.

Zutaten und Gewürze beim Essen haben demnach drei wichtige Wirkungen.

Zunächst soll ein zu strenger Geschmack gemildert, ein lahmer und weicher dagegen verstärkt werden.

Zum zweiten will man mit gewissen Zutaten entweder den Wohlgeruch erhöhen oder einen unangenehmen Geruch absorbieren.

Zum dritten haben viele Zutaten, eigentlich die meisten, irgendwelche medizinische Bedeutung. Wie ja überhaupt das Essen in China als wichtigster Beitrag zur Gesundheit, zur Bekämpfung von Krankheiten angesehen wird – was für die Pfiffigkeit der Chinesen spricht.

Ingwer zum Beispiel, so heißt es in einer alten Schrift, «schmeckt ein bißchen scharf, aber ist von Natur aus milde und ungiftig. Er läßt Gas aus dem Magen, bremst Erbrechen und verhindert Erkältungen.»

Kräuterkenner empfehlen Ingwer, um Magenbeschwerden zu kurieren oder den Appetit anzuregen. Zuviel davon soll allerdings schädlich für die Augen sein.

Innerhalb eines Monats nach der Geburt eines Kindes soll Muttern Hühnerbeine essen, gekocht in Ingwer und süßem Essig. Das soll nahrhafter sein, als die fetteste Hühnerbrühe. Ißt ein junger Mann allerdings so was vielleicht vier Tage hintereinander, wird er todsicher Nasenbluten bekommen.

Die Schalotte, so heißt es, hat einen bissigen Geschmack, ist jedoch auch nicht giftig. Sie ist ein gutes Kraut gegen Typhus, Cholera, Krämpfe und schlechte Milchbildung. Schalotten reinigen das Blut, sie bringen den Körper ins Schwitzen, sie entfernen giftige Teile im Körper und töten Keime. Zu viele Schalotten jedoch auf einmal genossen, machen benommen. Zusammen mit Honig ergeben Schalotten fatale Wirkungen.

Knoblauch ist das potente Kraut dieser Gattung. Es schmeckt bitter, sagen die Chinesen, und es ist ein kleines bißchen giftig. Knoblauch wirke auf Milz und Magen. Knoblauch ist die beste Medizin gegen Parasiten in menschlichen Gedärmen. Knoblauch hilft bei Verdauungsstörungen. Wenn Gemüsen Knoblauch zugesetzt wird, wollen die Chinesen damit hauptsächlich Bazillen töten. Bei Fleisch wird durch Knoblauch sofort der Wohlgeruch frei.

Schlangen oder Hammelfleisch jedoch sollen mit Zitronenschale gekocht werden, um das schlechte Aroma zu entfernen.

Ingwer in Gemeinschaft mit Schalotten helfen den fischigen Geschmack von Fisch zu beheben, während Ingwer allein benutzt wird, wenn die Bruststücke eines Fisches gekocht werden.

Andererseits ist sicher, daß auch Klima und Geographie den Gebrauch von Zutaten und Gewürzen beeinflussen.

Ein Chili-Huhn etwa, in einem kantonesischen Restaurant bestellt, wird nur leicht gewürzt geliefert, während es in einem Restaurant, das die Hunan-Küche pflegt, die Zunge verbrennt.

Die oft gestellte Frage «Essen die Chinesen nun süß oder scharf?» ist nicht zu beantworten.

Kantonesische Gerichte sind meistens süß und saftig. Fleisch und Gemüse werden fast nur gebraten und mit leichten Saucen serviert. Wenig Pfeffer oder andere scharfe Gewürze, die Saucen hell.

Viel Fisch und Seegetier ist typisch für diese Art des Kochens. Gebratener Reis ist sehr populär, mit kleinen Stückchen Fleisch, Krabben und Gemüse.

In der Gegend von Shanghai sind die Gerichte dagegen durchweg würziger. Man hat dort eine Vorliebe für schwarzen Pfeffer. Da Shanghai im Norden liegt, jedenfalls ziemlich weit nördlich, ziehen die Bewohner schwere und wärmende Speisen vor. So werden dort viele Nudeln gegessen. Beliebtes Gericht dieser Gegend ist eine «Kalte Platte» mit Lachs, Lamm, Geflügel und Gemüse.

Noch viel schärfer und würziger ist die Küche der Provinz Szechuan. Hier begnügt man sich nicht mit dem schwarzen Pfeffer, sondern nimmt lieber roten. Viele Lebensmittel werden in verhältnismäßig viel Wasser zubereitet. Das Wasser wird später meistens für die Suppe verwendet, die dort oft in Keramikschüsseln serviert wird. Huhn mit Bohnenpaste ist das Hauptgericht von Szechuan.

Peking präsentiert alles, viele Luxusspezialitäten, davon am Bekanntesten: Schwalbennestersuppe und die Peking-Ente.

So ißt die Rote Garde

An dunklen Winterabenden bemühe ich mich manchmal, das Rätsel zu lösen (natürlich erfolglos, sonst hätte ich mich früher gemeldet): Warum werden Irrtümer über China so willig hingenommen. Woran liegt es, daß klar und schnell zu widerlegende Behauptungen unwidersprochen bleiben, daß ganz verdrehte Analysen ihr nickendes Publikum finden, daß schlichte Ereignisse oder Zustände bereits falsch verstanden werden? Das passiert doch sonst keinem Land.

Schon bei ganz banalen Dingen beginnt die Liste der Irrtümer. Da wird etwa das Jackett des bürgerlichen Revolutionärs der Jahrhundertwende Sun Yat-sen als Mao-Jacke gefeiert. Die «Rote Garde» gilt als Verkörperung einer permanenten Revolution; die unterschiedlich auslegbaren Auszüge aus Mao Tse-tungs Aufsätzen werden als Gedankengebäude eines Chinamarxisten angepriesen.

Was die vielen Irrtümer hinsichtlich der chinesischen Kochkunst betrifft – ganz gleich ob sie von Schriftstellern oder Restaurateuren vorgetragen werden –, glaube ich allerdings die Ursache erkannt zu haben. Hier geht man offenbar einfach von der Überzeugung aus, China liege ganz weit entfernt, das Land sei unbetretbar, chinesische Küche demnach an Ort und Stelle unüberprüfbar.

Wie so vieles in diesem Zusammenhang ist auch das ein Irrtum, ein besonders gefährlicher obendrein, weil wesentlich mehr Leute chinesisch essen als lesen.

Chinesische Küche ist beweisbar, die Küche von heute, im China von heute, in der Volksrepublik. Denn das Essen ist jeden Tag zu kontrollieren, schriftliche Unterlagen sind nicht geheim. Speisekarten, selbst von Staatsbanketten dürfen von ausländischen Gästen als Souvenir mit über die Grenze ins kapitalistische, ja selbst ins revisionistische Ausland mitgenommen werden.

Wenn die Chinesen nun auch in diesem Zusammenhang nicht darauf verzichten können, zu prahlen und zu schwindeln, so ist das im Grunde eher eine Sache der Gewohnheit. Sie sind einfach so sehr darauf trainiert, Besucher aufs Glatteis zu führen, daß sie es halt auch dann tun, wenn es ums Essen geht.

Wer aber genauer untersucht, wird feststellen, daß Täuschungen auf dem kulinarischen Gebiet eher liebenswert als verächtlich sind. So wird zum Beispiel besonders angenehmen Gästen vor Staatsbanketten zugeflüstert, daß in der Küche noch immer 300 verschiedene Gänge bereitstehen, wie es bei der alten Kaiserin üblich war.

Tatsächlich sind dann auf der Speisekarte vielleicht nur 32 Gänge ausgedruckt und außer diesen wird auch nichts anderes serviert. So glaube ich eben nicht, daß noch 268 andere Gerichte auf Abruf warten. Aber eben: 32 Gänge sind 32 Gänge. Letztlich beweist diese Lüge nur, wie stolz die Chinesen noch heute auf ihre Küche und ihr Essen sind.

So ist es kein Wunder, daß die großen chinesischen Festtage, der 1. Mai und der 1. Oktober auch stets mit einem Festbankett eingeleitet werden. Jeweils am Abend vorher werden bis zu 5000 (1. Mai) oder 3000 (vorm 1. Oktober) Gäste zum Essen in die «Große Halle des Volkes» gebeten. (Wobei ich raten darf, wenn man die Wahl hat, das kleinere, intimere Essen zu akzeptieren. Die Auswahl der Gerichte ist sorgfältiger und besser.)

Aber worauf unsre allgemein bewunderten China-Experten nach meiner Meinung bisher zuwenig geachtet haben: Chinesische Essen und Speisekarten lassen sich zu zuverlässigen politischen Deutungen verwenden.

Was bei Kaffeesatz Glück ist, bedeutet bei der Suppe nachweisbare Wirklichkeit. An Stelle von Wandzeitungen (die obendrein noch fast ausschließlich auf dem Umweg über sich bitter bekämpfende Vertreter japanischer Zeitungen zu uns kommen) sollten sie sich hin und wieder auch mal eine Speisekarte durchlesen.

Da läßt sich etwa sehr leicht erkennen, welche Bedeutung die chinesische Regierung einem bestimmten Staatsgast zumißt. Vor allem zu beachten sind da die drei in chinesischen Augen trefflichsten Delikatessen: Haifischflossen, Schwalbennester-Suppe und Wachteleier.

Keine chinesische Regierung würde darauf kommen, einem nur gewöhnlichen Gast auch nur eine dieser Besonderheiten vorzusetzen. Aber schauen wir uns an, was es auf den Banketten für Prinz Norodom Sihanouk oder Enver Hodscha gegeben hat, dann wissen wir, was die Chinesen von diesen Herren halten und erwarten.

Bei Sihanouk außer Suppe mit kostbaren Taubeneiern Haifischflossen und Peking-Ente. Nicht schlecht. Aber bei Hodscha gab es alles: Haifischflossen, Wachteleier und Schwalbennester-Suppe.

Erst viel später hat die albanische Politik dann bestätigt, was das Studium der Speisekarte bereits erkennbar gemacht hatte.

Auch noch aus ganz anderen Ereignissen auf dem hier von mir bearbeiteten Sektor lassen sich politische Schlüsse ziehen. Zum Beispiel ernähren sich die «Roten Garden» – während ihrer langen Märsche – hauptsächlich von einer Suppe, die aus Mohn und Hirse besteht. Warum? Man hat ihnen eingeredet, es sei die Lieblingssuppe Maos. Nun stimmt es, daß es eine für die Provinz Hunan typische Suppe ist, und es stimmt ebenfalls, daß Mao in der Provinz Hunan geboren worden ist. Aber daß Mao eine solche Suppe wirklich anrührt, halte ich für unwahrscheinlich. Warum sollte er so sehr viel mieser essen als seine Funktionäre.

Soweit diese Funktionäre noch im Amt sind, kennt man ihre Eßgewohnheiten nur ungenau. Aber fest steht, was jene gegessen haben, die während der sogenannten Kultur-Revolution entmachtet worden sind. Denn manchmal bereits Stunden nach ihrem Sturz sind deren Lieblings-Restaurants geschlossen worden, gleich zuerst das von P'eng Chen favorisierte (dem Leiter des Stadtkomitees Peking) am Westtor. An die Eingangstür haben Künstler riesige Karikaturen geheftet. Auf ihnen sind die hohen, nun gestürzten Herren zu bewundern, wie sie sich den Bauch vollhauen. Und es steht meistens auch dabei, was sie da essen.

Da diese Herren aber nicht deshalb gestürzt worden sind, weil sie gern gut essen bzw. aßen, darf man annehmen, daß die auf ihren Posten belassenen Funktionäre sich ebenso nett ernähren, auch Mao.

Essen ist eben eine chinesische Schwäche, und jeder Bewohner des Landes gibt heute noch 60 bis 70 Prozent seines Einkommens dafür aus. Freilich ist Essen auch das einzige Vergnügen, das ihnen geblieben ist, jawohl – auch das andere, preiswerte, ist so gut wie verboten in diesem krankhaft puritanischen Land. Die Fachleute schätzen, daß eine chinesische Großfamilie mindestens zweimal im Monat ein Restaurant besucht.

Das geht natürlich ins Geld. Und alles können sie sich auch dort nicht leisten. Ein Facharbeiter dürfte heute 80 bis 90 Yüan monatlich verdienen (1 Yüan = DM 1.66). Eine Peking-Ente kostet in einem halbwegs brauchbaren Restaurant auch seine 16 Yüan und reicht nur für·vier Personen.

Ganz abgesehen davon, daß mir das schlechteste China-Restaurant in Peking noch tausendmal lieber ist als das beste in Paris, gibt es selbst für die höchsten Ansprüche nach Pekinger Verhältnissen – nach idealen Ansprüchen also – im heutigen Peking ganz vorzügliche Restaurants.

Für Pekingreisende wäre zu empfehlen (Stand Ende 1967):

Das Hsin Chiao-Hotel. Chinesen dürfen dort allerdings nicht hinein, unter Umständen höchstens und vielleicht als Gäste von Ausländern. Dort gibt es als Spezialität nordchinesische Pfeffersuppe, die unter anderem aus Haifischflossen, Hühner- und Rindfleisch besteht – und aus Pfeffer natürlich. Schweinefleisch süß-sauer ist dort ebenfalls ganz ausgezeichnet.

Mongolisch kann man immer noch am Nordpark essen, den «Mongolischen Hammeltopf» vor allem. Das obere Stockwerk ist für Ausländer reserviert, unten dürfen auch Chinesen.

Ein neues, sehr gutes Restaurant gibt es am Sommerpalast; dicht am Tien An Men ist ein Schaschlik-Restaurant eröffnet worden. Spezialitäten aus Szechuan im Drushba-Hotel.

Für die alten Chinahasen sei noch die Mitteilung erlaubt, daß es das früher so beliebte Restaurant «Drei Tische» noch immer gibt. Es ist immer noch in Privatbesitz, gehört immer noch den drei ehemaligen Konkubinen des alten Generals (nur der General ist tot). Es nennt sich natürlich kooperativ. Aber das ändert nichts. Noch immer südchinesisches Essen, also auch Schlangen und Zischreis.

Insgesamt soll es heute in Peking rund 500 Restaurants geben. Aus allen Provinzen werden die besten Köche nach Peking geholt, zumindest wird es versucht. Ziemlich erfolglos blieb dagegen der Versuch, nach der Besetzung Tibets nun auch tibetische Küche in Peking populär zu machen. Das mag darin liegen, daß ihre Basis Hammel mit ranziger Butter sein soll.

Aber nicht nur in den Restaurants wird gut gegessen, auch in den Werkskantinen, auch in den Kommunen auf dem Lande.

Im Fernsehen werden Wettkämpfe von Küchenkombinaten gezeigt. Wer in einer bestimmten Zeit die meisten Jaudse (Ravioli in ihrer ursprünglichen Form) schafft, gewinnt.

Ein paar Extravaganzen sind erst in den letzten Jahren verboten worden. So dürfen Hunde nicht mehr geschlachtet werden, und die Rhesusaffen, deren Hirnschalen in Kanton-Restaurants noch vor ein paar Jahren am Tisch abgesäbelt wurden, sind ebenfalls aus der Mode gekommen.

Rationiert ist im Moment Erdnuß-Öl. Pro Person gibt es nur $1/4$ l im Monat – und das ist für eine chinesische Hausfrau nicht viel. Trockenfische sind ebenfalls rationiert. Das ist weniger schlimm. Sonst nichts. Die Lebensmittelpreise sind in letzter Zeit um zehn bis fünfzehn Prozent gestiegen. Das mag mit gleichfalls gestiegenen Lebensmittelexporten zusammenhängen.

Immerhin kommen rund ein Drittel der chinesischen Devisen aus Exporten von Lebensmitteln, neuerdings sind auch Fertig-Gerichte dabei. In einer Spezialfabrik in Kanton werden bereits 500 verschiedene Mahlzeiten hergestellt und ausgeführt.

Und wenn die zuständigen Herren der DEMAG vor mehreren Monaten die amerikanische Kritik an einem Walzwerkvorhaben in China zurückgewiesen haben, dann sicherlich zu Recht. Hier wird nicht die Rüstungsindustrie unterstützt, sondern die Konservenindustrie – jedenfalls zu etwa vierzig Prozent. Aber selbst das ist fast undeutsch.

Irritierend finde ich nur die chinesische Ankündigung, auch «Peking-Ente komplett» in Dosen einzumachen. Andererseits zwingt uns niemand, so was zu kaufen. Im Grunde ist das alles nicht so wichtig. Wichtig war mir nur die Information, daß man auch im heutigen China noch exzellent speisen kann, die ich nicht zuletzt in der Hoffnung weitergebe, der Obrigkeit (in diesem Zusammenhang natürlich den China-Restaurateuren) Furcht eingejagt zu haben.

Essen in Restaurants

Nach dem, was Sie jetzt wissen, können Sie auch wieder ein chinesisches Restaurant betreten. Denn oft wollen uns die Wirte gar nicht ärgern, wenn sie uns als «original chinesisch» etwas anbieten, was bestenfalls mit dem wirklichen Gericht den Namen gemeinsam hat.

Die Wirte geben uns, vorausgesetzt sie haben einen guten Koch, was uns nach ihrer Erfahrung am besten zu schmecken scheint.

Das kann man in einem guten Restaurant vermeiden – gut sind meistens jene Restaurants, in denen die chinesische, örtliche Gemeinde ißt –, indem man dem Ober mitteilt, man sei ins Lokal gekommen, um chinesisch zu essen. Das wird ihn zunächst verblüffen und was ein guter deutscher Ober ist, der wird auch schon ein bißchen verärgert sein. Aber mit etwas Hartnäckigkeit wird ein chinesischer Geschäftsführer zu sprechen sein, der uns dann eher versteht. In besonderen Fällen wird er uns vielleicht bitten, an einem anderen Tage wiederzukommen und uns 24 Stunden vorher anzumelden. Dafür müssen wir Verständnis haben.

Auch in China sind gute Restaurants selten dazu ausersehen, in Arbeitspausen den armen Schuftenden schnell etwas in den Magen zu geben, damit sie noch schneller mit den neu gebildeten Zellen wieder an die Arbeit gehen. Restaurants sind Amüsierbetriebe, ganz besonders solche, in denen nicht getanzt, sondern gegessen wird.

Ein gutes chinesisches Essen ist sorgsam vorbereitet und unterliegt gewissen Regeln, die wir nicht alle zu beachten brauchen, aber einige eben doch. Schon um aus den immer zahlreicher bei uns emporschießenden China-Restaurants keine Schnellbüfetts werden zu lassen.

Daß chinesisches Essen auch von chinesischem Geschirr gegessen werden sollte, halte ich für eine selbstverständliche Forderung, auch wenn einige Restaurantgäste sie für überflüssig ansehen. Dabei ist es so einfach, durch die Wahl von Besteck und Geschirr bereits eine bestimmte Atmosphäre zu schaffen, ohne die ein chinesisches Essen kein chinesisches Essen ist. Für jeden Esser sollte folgendes gedeckt sein:

Eine Schüssel für Reis.
Eine Schüssel für Suppe.
Eine Schüssel für die Hauptgerichte.
Ein Tellerchen für Sauce oder andere Beilagen.
Ein Tellerchen für süße Beilagen.
Eine Tasse für Wein (oder Glas für Bier, Schnaps etc.) oder
Eine Schüssel mit Deckel für Tee.
Ein Porzellanlöffel für Suppe.

Ein Paar Stäbchen.

Essen mit Stäbchen, ich habe das am Anfang schon gesagt, ist wirklich unerläßlich. Es ist nicht halb so schwer, wie es aussieht. Ganz kleine Kinder essen in China bereits mit Stäbchen. Das ist vielleicht für jene kein Argument, die etwa einwenden, daß ebenfalls Kinder auch irgendeinen der außerordentlich schwierigen chinesischen Dialekte sprechen. Essen mit Stäbchen ist einfacher.

Wer auf Messer und Gabel besteht, sollte im umgekehrten Fall auch Spargel oder Karpfen mit dem Löffel oder Rote Grütze mit dem Messer essen.

Irgendwo habe ich bereits erwähnt, daß man in einer möglichst großen Gesellschaft – allerdings nicht mehr als ein Dutzend – in ein chinesisches Restaurant gehen sollte. Um so mehr verschiedene Gerichte können bestellt werden.

Das hätte indessen keinen Sinn, wenn jetzt jeder seinen Teller vor sich hinstellt und einen Gang komplett vertilgt, während der Nachbar das gleiche mit einem anderen Gericht tut.

Die Idee dieses Arrangements ist, daß nacheinander verschiedene Gerichte serviert werden, zwei, drei meistens gleichzeitig. Diese werden in die Mitte des Tisches gestellt und jeder Gast nimmt sich von allem.

So sind in betretbaren China-Restaurants auch für Gruppen von mehr als vier Gästen runde Tische vorhanden. Es wird nicht damit gerechnet, daß Gerichte herumgereicht werden müssen. Alles sollte für jeden erreichbar sein, wobei der feine Mann ruhig seiner lieben Frau die besten Stücke herausfischen darf.

Nur die Suppe hat jeder für sich allein. Sie darf auch mit einem Löffel geschlürft werden, wobei es durchaus angebracht ist, die in den meisten Suppen schwimmenden Gemüse, Fleischstückchen, Pilze und dergleichen mit dem Stäbchen zu angeln, auch die Nudeln.

Die Suppe kommt ganz selten zuerst auf den Tisch. Die Chinesen behaupten, auch das habe ich schon erwähnt, daß die Suppe den Kopf kläre, und deshalb zuletzt serviert werden sollte. Freilich habe ich den Verdacht, daß die Chinesen, gewitzt wie sie sind, in der Suppe die Reste der vorher aufgetragenen Gänge verwerten.

Auch Süßspeisen gibt es nicht immer nach dem Essen. Manchmal vorweg, manchmal in der Mitte, als siebenten, achten Gang.

Es sollte ohnehin darauf geachtet werden, daß die Folge der Gerichte so eingeteilt wird, daß die schweren kurz vor dem Schlußreis kommen.

Ein formelles oder gar festliches Essen beginnt in der Regel mit drei, vier kalten Angelegenheiten. Das können Nüsse sein, sauer eingelegtes Gemüse, hartgekochte Eier. Danach oft vier gebratene und später vier gekochte Gänge. Reis steht immer auf dem Tisch.

Wenn der Wirt erkennt, daß Sie gründlich vorbereitet erschienen sind, werden Sie, wenn es möglich ist, auch ehrliche chinesische Küche erhalten. Wenn sich in Ihrer Stadt mehrere China-Restaurants befinden – wohnt auch nur eine chinesische Familie in der Stadt, wird es ebenfalls nur ein chinesisches Restaurant geben –, sollten Sie trotz aller Vorbereitungen vergleichen. Manchmal sind die Eigentümer gar keine Chinesen, sondern Koreaner oder vielleicht gar Japaner.

Außerdem sind die nach außen vornehm tuenden nicht immer die besten. In Peking zum Beispiel sind viele der besten Restaurants zugleich auch die verkommensten. Zerbeulte Fußböden, zerrissene Vorhänge und abgewetzte Stühle zeichnen sie aus. Aber die Chinesen sagen sich: Wie kann ein Wirt billig und gut sein Essen anbieten, wenn er sein Geld für Dinge aus dem Fenster wirft, die mit dem Essen nichts zu tun haben.

Daß auch schäbige Restaurants plus chinesischem Restaurateur keine Garantie sind, habe ich bereits am Anfang klargemacht. Schließlich ist dies auch kein Restaurantführer, sondern ein Kochbuch.

Dennoch hoffe ich, daß keiner der geneigten Leser jetzt davon überzeugt ist, hier ein Buch zu besitzen, in dem ihm alle chinesischen Gerichte beschrieben worden sind. Mehrere Doppelbände würden nicht reichen. Aber ohne diesen Leitfaden zu überschätzen, Sie können sehr wohl eine Menge über das chinesische Essen und Kochen gelernt haben.

Vielleicht vermissen Sie das eine oder andere. Ich vermisse auch einiges, vermutlich sogar mehr als Sie. Denn fast das Schlimmste beim Abfassen dieses Werkes war das ständige Aussortieren schöner Gerichte. So habe ich auf sämtliche Süßspeisen verzichtet, auf Gebäck. Wobei hinzukommt, daß ich vom Backen wenig verstehe und mir aus Süßspeisen nicht viel mache.

Aber Sie werden ja doch nur dann chinesisch kochen, wenn Sie Gäste haben und die können Sie jetzt schon raffiniert genug bewirten. Chinesisches Obst nehmen Sie, wie es ist, aus der Dose.

Daß Sie den Tisch hübsch herrichten sollten, steht bereits in anderen Büchern, daß Sie sich als Gastgeber mit Ihrem Herrn Gemahl mit dem Rücken zur Tür setzen sollen, teile ich Ihnen hierdurch mit. Mit dem Blick zur Tür sollte immer der Chef Ihres Mannes sitzen oder ein anderer Ehrengast. So kann er auch gut beobachten, wer sich an der Tür vorbeischleicht.

Daß die Gäste nicht alle Teller leermachen sollen, schreibe ich nur auf, falls Sie einmal Gast sein sollten. Es den eigenen Gästen zu sagen, halte ich für wenig empfehlenswert. Die Reste der Mahlzeit sollen nach den Regeln der Dienerschaft in Pergamentpapier eingewickelt werden. Haben Sie kein Papier zur Hand, muß die Dienerschaft eben selbst zusehen, wie sie satt wird.

Vergessen Sie nie, daß die aufgestellten Regeln dazu da sind, auch einmal durchbrochen zu werden. Nur tun Sie mir den Gefallen und essen Sie nie ohne Stäbchen. Auch wenn gerade Ihnen das Lernen schwerfällt.

Trösten Sie sich damit, daß viele Ihrer Freunde auch mit Messer und Gabel nicht richtig essen können, obwohl sie es schon jahrelang üben. Versuchen Sie mal ein Stück Fleisch nach einem Rezept für Fisch anzurichten, vermengen Sie das eine Rezept mit dem anderen, nehmen Sie ganz neue Zutaten und richten Sie sie mit dem speziellen Pfiff zu, den Sie sicherlich gelernt haben. Die Rezepte sind nur Beispiele. Der Erfolg liegt nur noch bei Ihnen. Ich habe getan, was ich konnte.

Register

(Kursiv gedruckt sind ausführliche Rezepte)

Das Große Kiehnle-Kochbuch

Standardwerk der Kochkunst

Mit 2365 Originalrezepten
und 240 teils mehrfarbigen
Abbildungen im Text und
auf Kunstdrucktafeln
rororo 6414

rororo

533/3

Zum Nachschlagen und Informieren

---

rororo lexikon

Dudenlexikon Taschenbuchausgabe
Aktualisierte Ausgabe in 6 Bänden. Herausgegeben und bearbeitet von der Lexikonredaktion des Bibliographischen Instituts. Rund 75 000 Stichwörter, 2310 Seiten, 4000 Fotos und Zeichnungen im Text, über 1300 bunte Bilder und Karten. [6171–6176]

---

rororo Pflanzenlexikon

in 5 Bänden. Systematische Enzyklopädie des gesamten Pflanzenreichs. Mit 1600 Fotos und Zeichnungen, davon 230 farbige auf Kunstdrucktafeln, und einem Gesamtregister von 14 000 Stichwortbelegen. [6100–6112]

---

rororo Tierlexikon

in 5 Bänden. Von Hans-Wilhelm Smolik. Ausführliche Beschreibung von über 3600 Tierarten, über 1400 Seiten mit 1500 ein- und mehrfarbigen Bildern im Text und auf 112 Kunstdrucktafeln. [6059–6071]

Lexikon der medizinischen Fachsprache

in 2 Bänden. Herausgegeben von Dr. Dagobert Tutsch, Redaktionsmitglied des REALLEXIKONS DER MEDIZIN – Urban & Schwarzenberg. 15 000 Namen, Begriffe und Methoden aus allen Bereichen der Medizin präzise und allgemeinverständlich erklärt. Mit 188 Abbildungen. [6126 u. 6129]

---

rororo Lexikon der Naturheilkunde

Von Dr. E. Meyer-Camberg. Über 2000 Stichwörter, mit 300 Zeichnungen im Text, 79 einfarbigen und 20 mehrfarbigen Tafelabb. [6045]

D. G. Mackean

Einführung in die Biologie. Band I und II. Mit 471 Abb. [6118 u. 6122]
